自分の「怒り」タイプを知って
コントロールする

はじめての「アンガーマネジメント」実践ブック

日本アンガーマネジメント協会
代表理事
安藤俊介

Discover

はじめに

朝8時。あなたは、いつもと同じように、最寄りの駅まで歩いてきました。

すると、前方からスマホを見ながら歩いてくる人がいます。

「あっ！」と思って身をよける間もなく、その人は視線をスマホに落としたまま、あなたにぶつかってきました。

そして、何も言わずにそのまま立ち去ってしまいました。


さて、あなたはどう感じますか？


「歩きスマホなんて許せない！」と激高するでしょうか。

それとも、「そんなこと、いちいち気にしない」と思うでしょうか。


世の中には、2種類の人がいます。

マナー違反が気になる人、気にならない人です。

気になる人は、マナー違反の人に出くわすたびに、イライラしているかもしれません。

気にならない人からすれば、「そんなものは見なければいいのに……」と簡単に片づけられる問題でも、そうできなかったりします。

この違いは何によるものでしょうか？

それは、「感情の癖」によるものです。

怒り方にも癖がある

この「感情の癖」とはどんなものでしょうか。

「癖」を辞書で引くと、「習慣となっている、偏った傾向・しぐさ」と書いてあります。

怒りも感情の一つなので、「怒りの癖」というのは、どんな場面で怒りを感じることが多いか、その傾向や習慣といえるものです。

この「怒りの癖」に大きな影響を与えるのは、あなたのふだんの考え方や行動基準です。

たとえば、性善説、性悪説のどちらを信じているか、あるいは、後先考えずに行動ができる方なのか、石橋を叩いて渡る方なのか、といったことです。

厄介なことに、癖は自分では気づきにくいものです。無意識かどうかはさておき、なかなか修正しづらいものなのです。

こうした「怒りの癖」は誰にでもあるもので、それ自体は問題ではありません。ですが、自分や周りの人を傷つけてしまうようだと問題です。

私も随分と長い間、自分の怒り方の癖が嫌いでしかたなく、そのことを悩んでいました。

どうして、自分はこんなことで怒るのだろう。

自分は本当になんて嫌な怒り方をするんだろう。

もう、怒りの感情に振り回されたくない。もっと怒りというものから自由になりたい……そんなふうに思う毎日だったのです。

アンガーマネジメントと出会って、自分が変わった！

そんな私に転機が訪れます。それが「アンガーマネジメント」との出会いでした。２００３年当時住んでいたニューヨークで、知人の紹介でアンガーマネジメントの講座を初めて受けたのです。そのときの感想は、シンプルに「これなら僕にもできる！」でした。

それまでに出会った怒りへの対処法は、どちらかというと、精神論が多かったと思います。「怒らないと決めなさい」とか、「何があっても、その人の良いところを探すようにしなさい」という感じで、そんなことが簡単にできるなら苦労しないよ、と思うようなものばかりでした。

この「アンガーマネジメント」は、1970年代にアメリカで始まったとされる、**怒りの感情と上手につき合うための心理トレーニング**です。

心理教育や心理トレーニングとして体系化されているので、老若男女を問わず、誰でも気軽に取り組めるものになっています。実際、アメリカでは小学校に上がる前からアンガーマネジメントの教育を始めているくらいです。

私自身は、メソッドのわかりやすさに加え、その内容が単純に面白かったので、アンガーマネジメントにどんどんはまっていき、いろいろな指導者のもとで貪欲にトレーニングを重ねました。

アンガーマネジメントは、毎日ちょっとずつうまくなるようなものではありません。続けているうちに、ある日突然、今まで気になっていたものが気にならなくなった、聞こえていたものが聞こえなくなったといった経験をしながら上達していくものです。

先ほどの歩きスマホの例であれば、あんなに許せなくてしかたなかったものが、ある日突然、気にならなくなる日がやってくるのです。

私に関していえば、親との関係、特に父親との関係が劇的に良くなったと感じました。それまでは、父親の干渉が嫌でしょうがなかったのですが、ある日を境にほとんど気にならなくなったのです。

同じことを言われても、以前は「なんでそんなことをいちいち言ってくるんだ！」と思っていたのが、「あー、そんな心配をしているんだ（だからそう言ってくるのか）」と思うようになりました。

これは、自分にとって本当に大きな変化でした。父子関係のストレスは、私自身に大きなマイナスの影を落としていましたが、父親との関係が変わることで、仕事や家庭にも良い変化がもたらされたのです。

ちょうどその頃は、会社を辞めて事業を起こすタイミングだったので、仕事的にはとてもストレスの高い時期だったと記憶しています。

それでも、私がストレスに負けずに事業を軌道に乗せられたのは、間違いなくアンガーマネジメントが身について、怒りの感情と上手につき合えるようになっていたからだと断言できます。

怒りの感情はコントロールできる！

本書を手に取ってくださったみなさんも、少なからず、自分や周囲の人の怒りについて疑問や悩みをお持ちなのだと思います。

なぜ自分は、こんなことで怒ってしまうのだろうか？
なぜあの人は、いつもあんなにイライラしているのだろうか？
もうイライラしたくない。つまらないことでいちいち怒りたくない……。

なのに、怒りの感情のコントロールって難しいと思っている人は少なくないかもしれません。

それは、自分の「怒りの癖」を知らないからです。**癖を自覚できていないと、対応のしようがありません。**

たとえば、貧乏ゆすりの癖があることを自覚していない人は、無意識のうちに貧乏ゆすりをしているので、誰かから指摘されてそれを自覚しない限り、癖を直しようがありません。

それと同じで、まずは自分の癖に気づけるかどうかです。話は実にシンプルです。

本書を通じて、みなさんも自分の「怒りの癖」に気づくことができます。**自分の怒りの癖に気づくことができれば、自分や周りの人にマイナスの影響を与えている怒りの癖を変えることができます。**

怒りの癖を変えることができれば、怒りの感情コントロールは簡単にできるようになります（逆に、怒りの癖を知らずに、怒りの感情をコントロールしようとするのは、航路図を持たずに出航するようなものです）。

本書は、あなたの怒りの癖やタイプを診断する、日本で初めての本です。特典として、ウェブサイト上で「アンガーマネジメント診断」（91問）を受けていただくと、あなたがどのような怒りの癖を持っていて、ふだんから何に気をつけ、どう行動すればよいのかが簡単にわかるようになっています。

この**「アンガーマネジメント診断書」は、あなたがこれから怒りの感情と上手につき合うための航路図となります。**その航路図があれば、イライラや怒りの感情にもう振り回されなくなるでしょう。

ぜひ本書で、あなた自身の航路図を手に入れて、より良い人生を拓く旅に出かけてください。

きっとその旅は、素晴らしいものになると確信しています。

目次

第2章 怒りタイプ別 自分の「怒りの癖」を知ろう

第3章 怒りの傾向別「怒りの癖」を上手にコントロールしよう

3 怒りの頻度

4 怒りの耐性

5 怒りの攻撃性

第4章

アンガーマネジメントができるようになる21日間「体質改善」トレーニング

購入者限定特典

あなたの「怒りタイプ」がわかる！
「アンガーマネジメント診断」アクセスコード
（巻末綴じ込みチラシをご覧ください）

第1章

「怒りっぽい性格」は変えられる！

「怒りっぽい」のは性格だから直らない？

ポイント 「怒り」は感情の癖。
それに気づくことで直すことができる。

「なくて七癖あって四十八癖」とよくいいます。ペンを回す、爪を噛む、身体のどこかを触る。独り言や口癖もあります。あなたにはどのような癖があるでしょうか？

実は、私たちの感情にも癖があるのです。「感情の癖」というのは、感情の中にも選びやすいものと、そうでないものがあるということです。ふだんよく使う感情、あまり使わない感情があると言い換えることもできます。

さて、あなたはどのような感情を選びやすいでしょうか。よく怒りますか？　それとも、よく喜ぶでしょうか？　あるいは、よく悲しむでしょうか？

周りを見渡してみましょう。あなたの周りにはどのような感情の癖を持った人がいるでしょうか? 怒りっぽい人、いつもニコニコしている人、なんとなく物悲しげな人、いつも楽しそうな人。いろいろいるでしょう。

でも、怒りっぽい人が本当にそういう性格なのかというと、実はそうではありません。もしかしたら、単に癖で怒っているかもしれないのです。

先にお話ししたようなペンを回す、爪を噛むといったように目に見える癖であれば、本人も気づきやすく、周りの人も本人にフィードバックしやすいでしょう。

しかし、「感情の癖」は一見してもわからないものですし、本人も気づきにくいものです。本人が気づいていないばかりに、周りの人にマイナスの影響を与え続けているとしたら、それは非常にもったいないことです。

ですが、**感情の癖に気づくことができれば、それを直すことができるのです。**

「感情の癖」は生まれつきのもの？

ポイント 感情の癖は、子どものときに身につくもの。子どもの頃から怒りによく触れていると、大人になっても怒りという感情を選択しやすくなる。

子鹿は生まれ落ちるとすぐに自力で立とうとします。数時間のうちには、自分の足で立ち、歩くことができるようになります。自分の足で立って歩けないと、敵に襲われて命を奪われてしまうかもしれないからです。たとえ、親鹿がそばにいたとしても、その危険性は変わりません。

人はというと、生まれてすぐに立ち上がる必要はありません。ましてや、歩く必要もありません。それができなくても、親が何でも助けてくれるからです。

人はこの生き物の中で最も長い助走期間を経て、さまざまなことを学習していきます。知識もそうですし、感情表現もそうです。

私たちは、まずは感情表現を親から学びます。子どもにとって親は世界のすべてなので、同じ世界に入りたいと思い、そのために親を真似ていくのです。**子どもの頃から「怒り」という感情に最も触れていると、その子は大人になっても怒りという感情を選択しやすくなります。**子どもの頃から「喜ぶ」という感情に最も触れている子は、大人になっても喜ぶという感情が、何かを伝えるときに相手に最も伝わりやすい感情と感じます。

良いか悪いかという話ではなく、単純に最も触れている感情が最も使いやすいものという刷り込みがされていくということです。

このようにして、人の感情の癖は、家庭の中でついていきます。

子どもの頃、親に怒られたとき、あるいは親が怒っている姿を見て、「自分はあんなふうに怒らないようにしよう」と思ったことはありませんか？

でも、いざ自分が大人になってみると、あれほど嫌だった親の怒り方とそっくりな怒り方をしていることに気づいて、愕然としたことはないでしょうか？

たとえば、私は子どもの頃、「なぜできないの？」と詰問されるような怒られ方が嫌でたまりませんでした。「なぜ？」と言われても、「できないものはできないんだから、しかたがないじゃないか！」と心の中で思っていました。

そのため、自分が大人になったら、「あんな怒り方だけは絶対にしないようにしよう」と固く決心していたのに、いつの間にか詰問するような怒り方をしてしまっていたことに気づき、愕然としたことがあります。

そして、子どもがいる人は「どこでそんな言い方を覚えたんだ？」と思うくらい、子どもが自分そっくりに怒っていることに気づくと思います。

「なんで？」「当たり前でしょ！」「もう知らないんだから！」……。口癖なんて、その最たるものではないでしょうか？

「感情の癖」はすべて短所だから、直した方がいい？

ポイント うまくつき合えないようなら、その「感情の癖」は短所。でも、それは直せる！

では、この「感情の癖」はすべて直した方がいいものでしょうか？　癖というと、悪いことのように感じられたかもしれませんね。

その感情と上手につき合えるようであれば、それは長所なので直す必要はありません。逆に、上手につき合うことが難しいようであれば、それは短所になります。

たとえば、怒りの感情の癖として、「正義感が強い」人がいたとしましょう。一般的に考えれば、正義感が強いことは長所になりそうです。

マナー違反の人にイラッとしたり、政治家がだらしないことをやっているのに腹を立てたりする。こう思うのは良いことだし、人として正しいといえるでしょう。

でも、正義感が強すぎると、どうなるでしょうか？　たとえば、電車の中で携帯電話で話している人に注意をします。それくらいならいいのですが、「今日もこんなにマナーの悪い人がいた。本当にムカつく！」と一日中引きずるようであれば問題です。

もっと極端になると、口頭で注意してもやめなかったといって、力ずくでその携帯電話を取り上げるかもしれません。ここまでくると、大きなトラブルになってしまうでしょう。

このように、人の感情の癖については、それとうまくつき合えるようであれば長所、そうでないようなら短所だと私は考えています。そして、その**短所は直すことができる**のです。

怒りは人生を壊すことのできる唯一の感情である

ポイント

「アンガーマネジメント」の方法を身につければ、怒りの感情と上手につき合えるようになる。

感情の癖、なかでも怒りの感情の癖を知っておくことはとても大事です。なぜなら、**怒りは人生を壊すことができる唯一の感情**だからです。

怒りにまかせてたった一言、余計なことを言ってしまっただけで、何年もの関係を壊してしまったことはありませんか？

たとえば、些細《ささい》なミスをしてしまった部下に、腹いせに言い放った一言のために、部下が会社に来なくなったというケースを聞いたことがあります。

プライベートでも同じです。結婚して何十年も経った夫婦でも、大ゲンカの末の心ないたった一言で、それまでの信頼関係が音を立てて崩れてしまうこともあるでしょう。

先にもお話ししましたが、自分の感情の癖は自分では気づきにくいものです。でも、本書の「アンガーマネジメント診断」のようなツールを利用することで、自分の癖を客観的に知ることができます。

受検すれば、「やっぱりそうだったか」と結果に納得する人は多いでしょう。もしかすると、知りたくなかった自分の一面を知ることになるかもしれません。

それでも勇気を出して、自分の怒りの感情の癖に向き合いましょう。自分の知らなかった一面を知り、**アンガーマネジメントのトレーニングをすることで、怒りの感情と上手につき合うことができるようになります。**

怒りの感情に振り回され、怒りに負ける人から、怒りの感情をエネルギーに使えて、怒りをプラスに活かせる人に変わることはできるのです。

「怒りの感情をコントロールできる」ことは、今やリーダーの必須条件

ポイント
欧米では、人前で感情的になる指導者は、人として幼稚だと判断されてしまうことも。

アンガーマネジメントとは、1970年代にアメリカで生まれた考え方です。簡単にいうと、怒りの感情と上手につき合うための心理トレーニングです。

当初は、DVの加害者・被害者へのメンタルケアや、犯罪者に対する矯正プログラムの側面が大きかったのですが、時代の変遷とともに一般化されています。

今では企業をはじめ、教育現場や中央省庁・地方公共団体、アスリートのメンタルトレーニングなどにも使われるようになっています。

アメリカでは、企業のエグゼクティブも積極的にアンガーマネジメントを取り入

れています。というのは、欧米では人前で上手に感情をコントロールできない人は「大人として未熟」という評価になるからです。そう評価されてしまうと、出世して高い地位につくこともできなくなるでしょう。

どんなにプレッシャーのかかる状況でも、怒りの感情を上手にコントロールしていけることは、もはやリーダーに求められる条件なのです。

たとえば今、アメリカでは大統領選の候補者指名争いの話題で持ちきりですが、共和党の候補の座を射止めたドナルド・トランプ氏は、テレビ、新聞などでは感情のコントロール能力が足りないと酷評されていたりもします。

どんなにすぐれた実業家の能力を持っていたとしても、また実績があったとしても、怒りの感情をコントロールできないようでは、リーダーの資質が足りないと判断されてしまうのです。

怒ることが問題なのではない！ ——アンガーマネジメントの目的とは？

ポイント 目指すのは、怒るべきことには怒り、どうでもいいことには怒らないようになる状態。

「怒り＝直すべきよくない感情」と思われがちですが、「怒り」にももちろんプラスの面はあります。

動物にも怒りの感情があります。たとえば、目の前に敵がいるとき、自分の命を守ろうとします。

そのとき、怒りの感情が生まれ、脳内でアドレナリンが放出されます。すると、身体が臨戦態勢になって、相手を襲うか逃げるかができるようになるのです。

実は、アドレナリンを放出して身体を臨戦態勢にさせることが、怒りという感情の本来の役割だったのです。

だから、怒りという感情がないと、わが身を守れなくなってしまいます。それは、人間である私たちも同じことです。

「アンガーマネジメント」と聞くと、多くの人は「怒らなくなる方法」「イライラしなくなる方法」と思われるかもしれません。実際は、そうではないのです。

アンガーマネジメントとは、**怒らなくなることが目的ではなく、怒る必要のあることは上手に怒れるようになる一方で、怒る必要のないことは怒らなくてすむようになる**ことです。

私たちは怒っても、怒らなくても後悔することがあります。

「怒って後悔」というのは、「こんなことで怒らなければよかった……」。「怒らなくて後悔」というのは、「やっぱり、あのときに怒っておけばよかった……」。

こんな後悔はなくしましょうというのが、アンガーマネジメントの考え方なのです。

そういう私にも経験があります。些細なことでケンカしてしまって、疎遠になった友達。今から思えば、あれくらいのことで疎遠になる必要なんて全然なかったのに……と思います。

また、ふだんからお世話になっていた方がいて、私のことを思って苦言を呈してくださっていたのに、あるとき反抗してしまい、その後連絡を取っていない人もいます。

今思えば、あのときにくださったアドバイスは、今の私にとって大きな支えになっていると感謝の気持ちを伝えたくても、今は連絡先さえわかりません。

あのとき反抗してしまったことを悔やんでも、今や遅しです。

まとめましょう。アンガーマネジメントでは、次の2つの状態を目指しています。

❶ 怒りという感情で後悔しなくなる

アンガーマネジメントでは、**「怒ることは問題ではない」**と考えます。同じ「怒る」でも、「怒ってしまった」ではなく、「怒ると決めて怒った」になることを目指します。

「怒ると決めて怒った」ということは、**「自分の感情に責任を持つ」**ということです。「反射的に怒った」ではなく、「自らの選択で『怒る』を選んだ」になるだけで、ずいぶん楽になることができます。

❷怒りの感情を上手に伝えられるようになる

怒りの感情は、「他人」「自分」「モノ」の3方向のどこかに向かいます（くわしくは、第3章167ページ以降でお話しします）。

たとえば、怒ったときに誰かに「なんでできないんだ!?」と当たるのは、怒りが他人に向いています。「あぁ、なんて自分はダメなんだろう……」と自分を責めるのは、怒りが自分に向いています。乱暴にドアを閉めたり、モノを投げたり壊したりするのは、怒りがモノに向かっています。

アンガーマネジメントができるようになると、**人を傷つけず、自分を傷つけず、**

モノに当たることなく、「自分は怒っている」ということを上手に表現できるようになります。

怒っていることをうまく表現できれば、あなたが怒ったとしても、誰もつらい思いをしないし、嫌な気持ちになることもないので、人間関係が壊れるようなことはなくなるのです。

気をつけるべき「怒りの癖」とは？

ポイント **怒りの強度、持続性、頻度、攻撃性が高いタイプは、行き過ぎると危険！**

「怒ること自体は悪いことではない」と言いましたが、あなたの怒り方が次の4つのどれかに当てはまるようだと少し問題があります。

みなさんは、どれかに当てはまっていないでしょうか？

❶ 強度が高い

「強度が高い」というのは、一度怒ると激高してしまう人のことです。みなさんの周りにも、「えっ、それぐらいのことで、なんでそこまで怒るの？」というくらい強く怒る人がいませんか？

❷ 持続性がある

「持続性がある」というのは、昔のことをずーーーっと怒っていたり、思い出し怒りをしたりしては、古い怒りにとらわれてしまう人のことです。

❸ 頻度が高い

「頻度が高い」というのは、しょっちゅうイライラしている人のことです。「イラ菅」という不名誉な（？）ニックネームをつけられた政治家もいましたね。

❹ 攻撃性がある

「攻撃性がある」というのは、怒ったときにその怒りを他人にぶつける、自分にぶつける、モノに当たる人のことです。

他人にぶつける人は他人を責めます。自分にぶつける人は自分を責めます。モノに当たる人はモノを壊したり、乱暴に扱ったりします。

さて、ここで自己診断をしてみましょう。

本書のアクセスコードを使って「アンガーマネジメント診断」を受けていただければ、各項目の偏差値を出せますが、その前に自分自身の怒りの感情について、どの程度自覚できているのかを知ることには意味があります。

次のページの図を見てください。上の図が強度、持続性、頻度、下の図が攻撃性（他人、自分、モノ）になっています。

それぞれの項目について、自己分析をして点数をつけてみましょう。

あなたの「怒り」を自己分析してみましょう！

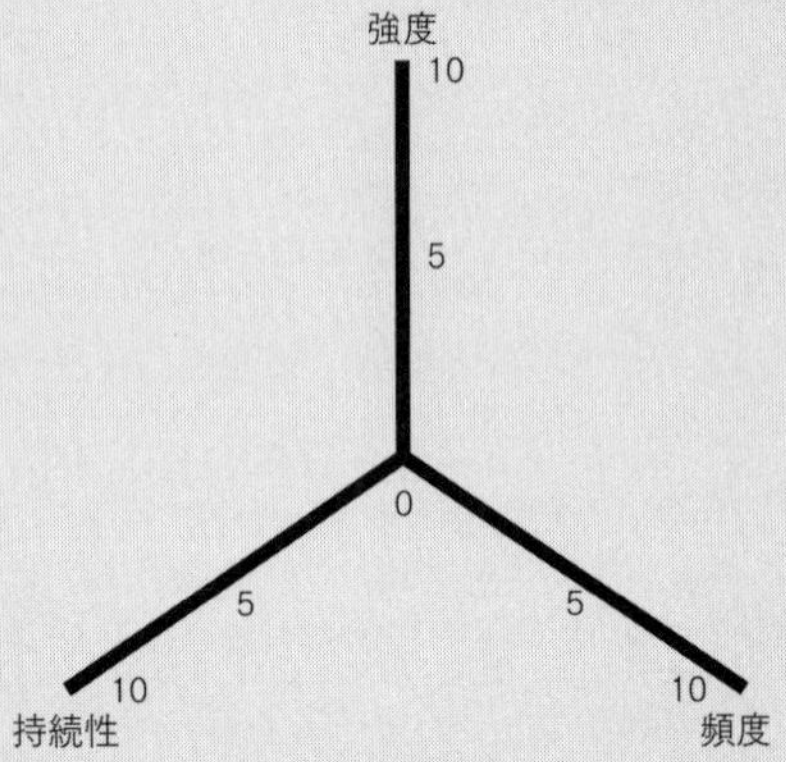

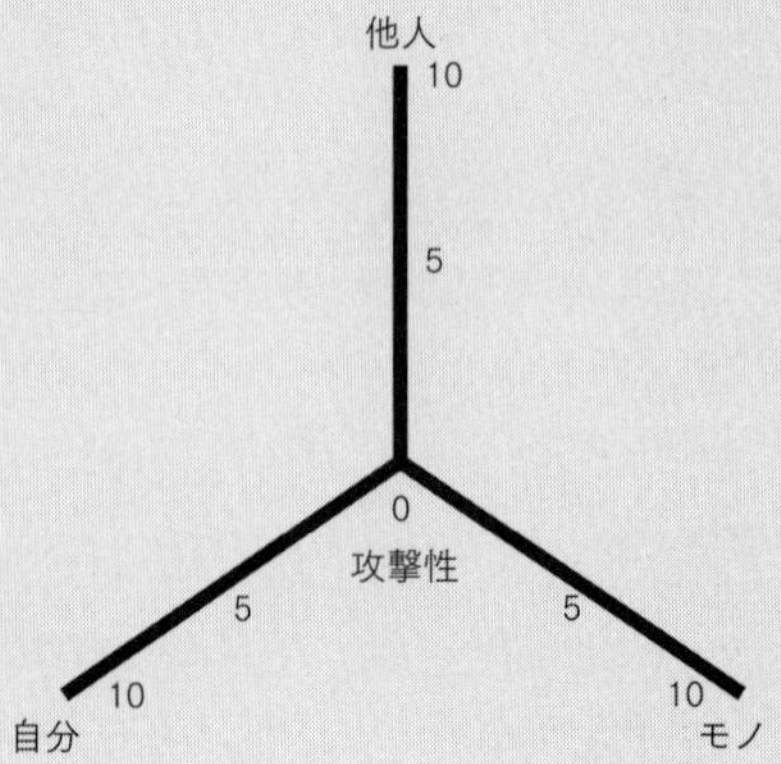

いかがでしたでしょうか？　自分の怒りにはどのような傾向があるのかがわかったでしょうか？　それでは、次に友人、家族、知り合い、職場など誰でもいいので、誰か一人を思い浮かべてください。

誰か一人決まったら、その人の怒りの感情の強度、持続性、頻度、攻撃性を想像して、自分の診断の上に重ねて描いてみましょう。どちらか判別できるように、色を変えるか、点線などにするといいでしょう。

思い浮かべたその人と自分とでは、何がどう違うでしょうか。なぜ、その人の強度はそのように思ったのでしょうか。持続性は何を見て判断したのでしょうか。同じく、頻度や攻撃性などは、その人のどのような特徴からそう思ったのでしょうか。

私たちは、人を見ていろいろな情報をキャッチしています。たとえば、見ず知らずの人でも、駅員に怒鳴っているのを見ると、「この人は怒りっぽい人なんだろうな」と思うこともあるでしょう。

逆にいえば、私たちも自分が意識していなくても、周りの人からいろいろな情報を読み取られているということです。

もし、あなたが「怒りの強度が高い」と思われたくなければ、怒りの強度の特徴について知ることで、そう思われないようにふるまうことができます。

また、「根に持つタイプ」に見られたくなければ、怒りの持続性がない人の特徴を出せるようになればいいのです。

そのためにはまず、あなたの「怒りのタイプ、特徴」を知っておく必要があります（第2、3章でお話しします）。

怒りは第二次感情である

ポイント

怒りは、心の中が「つらい」「悲しい」「不安」などのネガティブな感情でいっぱいになっていると生まれるもの。

怒りは第二次感情

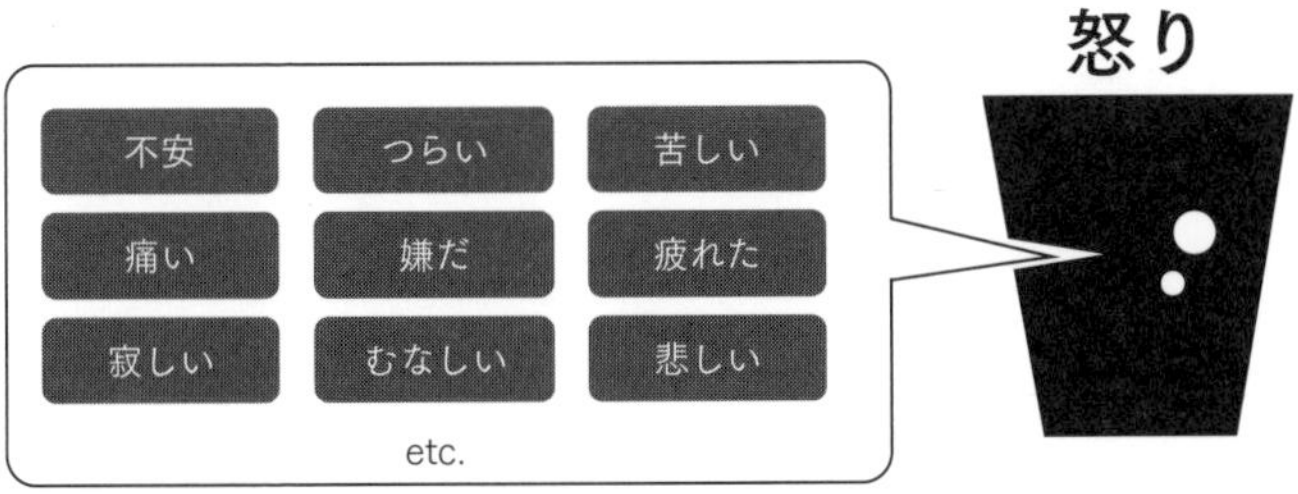

では、「怒り」という感情は、どのようなメカニズムで生まれるのでしょうか？

実は、怒りの感情というのは、それ単体では存在していません。怒りを感じる前には、つねにほかの感情があります。

あなたの心の中にコップがあると想像してみてください。私たちは毎日、そのコップの中に、「つらい」「苦しい」「寂しい」「悲しい」「不安」といったネガティブな感情（これを「第一次感情」といいます）を注いでいます。

このコップの中にネガティブな第一次感情がいっぱい入っていると、コップからあふれて「怒り」という感情が生まれます。逆にいえば、コップの中にあまり第一次感情が入っていなければ、そうそう怒りは生まれません。

みなさんも、「今日はなんだか、朝から機嫌が悪いな……」という日を経験したことはありませんか？　それは、朝からコップの中に第一次感情がいっぱい入っているからです。

人は普通、夜寝れば、ある程度の第一次感情はなくなりますが、ストレスが高い日が続くと、寝るくらいでは第一次感情を消化できなくなってしまいます。

この状態だと、朝から機嫌が悪く、ほんのちょっとしたことでも、すぐにイラッとしてしまうのです。

怒っている人は、基本的にこの第一次感情を理解してほしくて怒っていると言っても過言ではありません。**この怒りのメカニズムを知っておくと、怒っている人と上手につき合うことができるようになります。**

たとえば、クレームをつけてくる人の常套句は、「責任者を呼んでこい！」です。

お店であれば「店長を呼んでこい」、会社であれば「社長を出せ」、学校であれば「校長じゃないと話にならない」。

こういったクレームをつけてくる人の心のコップは、「自分は大切にされていない」「自分はないがしろにされている」という第一次感情でいっぱいになっています。

彼らは、自分がどうされれば大切に扱われたことになるのかを本能的に知っています。責任者が対応すれば、自分が大切に扱われたと簡単に思えるのです。

怒っている人に向き合うときは、「怒っているという感情」に目を向けるのではなく、「怒る前に感じていた第一次感情」に注目します。

不安だから怒っているのか、苦しいから怒っているのか、あるいは困っているから怒っているのか、にです。

怒っている人に対して、「お気持ちはわかります」という言葉をかけることがありますが、これは本当は「怒っているという気持ちがわかります」という意味ではなく、「怒る前に感じていた気持ちがわかります」という意味で使うのが効果的です。

もちろん、それですぐにすべての問題が解決できるとは限りません。ただ、問題は解決できなくても、**怒っている人の第一次感情が理解できるという姿勢を見せるだけでも、あなたへの信頼感、安心感はぐっと上昇するでしょう。**

ちなみに、世の中には怒りっぽい人と怒りっぽくない人がいますが、怒りっぽい人というのは、このコップが小さい人です。コップが小さいので、すぐに第一次感情があふれてしまうのです。

このコップは、トレーニングをすることで大きくすることができます。それは、みなさんがイライラしにくい自分になるために、とても有効な手段になります（くわしくは、第4章でお話しします）。

怒りは瞬間的に生まれるものではない

ポイント 怒りは、目の前の出来事にどのような「意味づけ」を行うかによってコントロールできる。

怒りの感情には、それが生まれる仕組みがあります。もし、怒りの感情がもらい事故のように、どこかからいきなり飛んできて、自分では防ぎようがないのであれば、どうにも対処しようがないでしょう。

そうではなくて、幸いにも仕組みがあるから、怒りの感情をコントロールすることができるのです。「瞬間湯沸かし器のように怒る」という表現もありますが、アンガーマネジメントの考え方では、それは正しくありません。

人は瞬間的に怒るのではなく、必ず次の3ステップを経て怒るようにできています。

❶出来事にあう

まず、ある出来事にあいます。たとえば、昨日ある部下に作業のミスを指摘したのに、今日も同じところで同じミスをしてしまいました。

❷意味づけを行う

❶を受けて、たとえば「昨日、ミスを指摘したのに、なぜ昨日の今日で同じミスをするのか。全然、理解できていないんじゃないか。仕事をなめているにちがいない！」という意味づけを行います。

❸怒りの感情が生まれる

❷の意味を受けて、怒りの感情が生まれます。

この中で一番の鍵となるのが、❷の**「意味づけ」**です。もしここで、「昨日は、私が上手に伝えられなかったのかな？」「今日も指摘した方がよさそうだな」「まあ、まだ経験も浅いし、これくらいのミスはあってもしかたがない」くらいの意味づけ

「怒り」が生まれる３段階

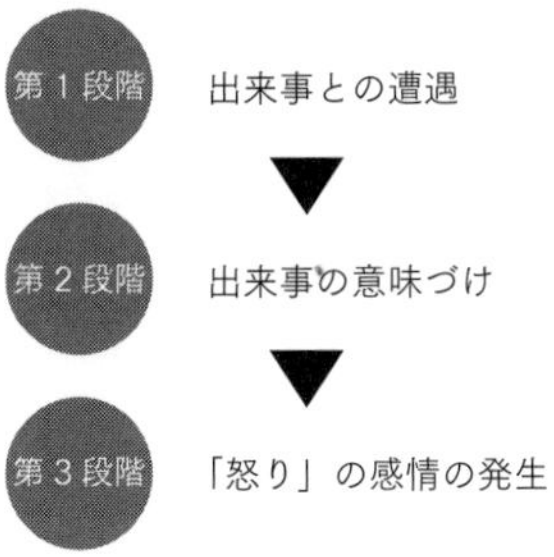

ができれば、怒りの感情は生まれません。

それどころか、「もう少し丁寧に指導しよう」、あるいは「こんなミスをするなんて、まだまだかわいいもんだな」と思うかもしれません。

同じ出来事にあったとしても、「意味づけ」は人それぞれで違います。**同じ出来事でも、楽しいととらえることも、腹立たしいととらえることもできる**のです。

私たちの目の前にはフィルターがあると想像してください。あるいは、メガネをかけていると想像してもよいでしょう。そのフィルターやメガネが透明であれば、出来事をあるがままに見ることができます。

でも、色がついていたり、ゆがんでいたりすると、出来事を素直に受け止めることはできません。その結果、イラッとしたり、不愉快な感情が生まれたりすることになるのです。

怒りの正体は「べき」だった！

ポイント 私たちが怒ってしまうのは、自分が信じる「べき」が目の前で裏切られてしまうとき。

では、私たちのメガネやフィルターをゆがませるものの正体は何なのでしょうか？

あなたは部下に、明日の朝10時までに重要なメールをお客さまに出しておくように指示したとします。しかし、彼はメールを出すのを忘れてしまいました。この部下は、前にも同じミスをして怒られたことがありました。

さて、問題です。あなたが上司だったら、次のどのことに怒るでしょうか?

❶誰か

ミスをした部下に対してでしょうか?

❷出来事(事実)

メールを時間までに出していなかったことでしょうか? あるいは、大事な仕事を忘れていたということでしょうか?

❸❷から連想される何か

過去にも同じミスをしていて、それが繰り返されたということでしょうか? あるいは、部下がミスをしても平気と思っているような気配に対してでしょうか?

どれかには怒っていそうなものですが、いざどれと特定しようとすると、意外と難しいのではないでしょうか。

部下といわれれば部下のような気もするし、出来事といわれれば出来事ともいえそうです。あるいは、それらが絡み合っているかもしれません。

どれかには怒っていそうなのですが、いざ選ぼうとすると難しい。

それは、厳密にいうと、この3つのどれでもないからです。

実は私たちは、誰にも怒っていないし、出来事にも怒っていない。そして、そこから連想されることにも怒っていない。

私たちの怒りの正体は、「べき」という言葉だったのです。「〜するべき」「〜すべきでない」の「べき」です。

簡単にいうと、**私たちが怒るのは、自分が信じている「べき」が目の前で裏切られたときです。**このケースであれば、「部下は時間までにメールを出すべき」、あるいは「部下は言われたことは守るべき」です。それが裏切られたので、頭にきたのです。

ということは、自分がどのような「べき」を信じているのかがわかれば、いつどういう場合に自分が怒ってしまうのか、ある程度は想像がつきます。

あなたが最近、イラッとしたことを思い出してみてください。イラッとしたということは、その裏には何らかの「べき」が隠れています。その「べき」を特定してみましょう。

たとえば、あなたが今朝、電車が遅れたことにイラッとしていたなら、その裏には「電車は、時刻ぴったりに来るべき」が隠れているかもしれません。

また、スマホを見ながら街を歩いている人にぶつかられたことに腹を立てていたら、あなたは心の中で「歩きスマホはするべきではない」と思っているということでしょう。

いかがでしょうか？　「べき」を使うと、自分が怒る理由がすっきりと説明できたのではないでしょうか？

実は、この「べき」こそが、先ほどのフィルター、メガネをゆがませるものの正体だったのです。

「べき」とつき合うのは難しい

ポイント 感情のトレーニングをすることによって、この「べき」の範囲を広くとらえられるようになる。

この「べき」と上手につき合えるようになると、アンガーマネジメントが上手にできるようになります。ただ、「べき」とつき合うのは、以下の3つの点で難しいということには注意が必要です。

❶「べき」はすべて正解

この世の中にある「べき」はすべて正解です。少なくとも、本人にとっては。それがたとえ、一見すると、あるいは一見しなくても、社会的におかしいと思えるような「べき」だったとしても、信じている本人にとっては、それこそが正解なのです。

❷「べき」は程度問題

多くの「べき」は程度問題です。

たとえば、「時間を守るべき」という「べき」があります。ある人は、定刻の5分前に来るのが時間を守ることだと考えています。またある人は、時間ちょうどに来ればOKと考えています。

二人は同じように時間を守る「べき」だと考えているのに、実際の程度は違っているということがわかりますね。

❸「べき」は時代や立場によって変わる

「べき」は、時代や立場によって変わることがあります。

たとえば、30年前であれば、子どもには知らない人にでも挨拶しなさいと教えていました。ところが、今はむしろ逆です。防犯上の理由から、知らない人とは話をしないようにと教えています。

また、子どもの頃は誰でも、嘘をつくべきではないと教わりますが、年を重ねるにつれて「嘘は方便」という言葉も覚えていきます。

このように、「べき」には時代や立場によって変わっていくものもあるのです。

では、どうすればこの「べき」と上手につき合うことができるのでしょうか？

もちろん、それには効果的な方法があります。

具体的なつき合い方は、第4章のトレーニング編でくわしく解説していきます。

ここまで、「怒り」という感情のメカニズムについて、みなさんにもおわかりいただけたのではないかと思います。

怒りと上手につき合えるようになるには、まずは、自分の感情の癖、「怒りタイプ」を知っておくことが大事だという話をしました。

では、次の第2章では、みなさんの「怒りタイプ」別に、性格の特徴、怒りの癖、改善トレーニングについてお話ししていきます。

第2章

【怒りタイプ別】自分の「怒りの癖」を知ろう

「アンガーマネジメント診断」で、あなたの「怒りのタイプ」がわかる！

「アンガーマネジメント診断」は、あなたの怒りの感情の状態について調べるものです。どのような形で怒りが表れやすいのか、怒りのスイッチがどこにあるのかを明らかにします。

第1章でもお話ししましたが、怒りはごく自然な感情の一つです。人間にとって、怒ることは必要なことですし、怒ること自体も悪いことではありません。

ただ、**怒るべきことと怒らなくてもいいことの区別が必要になるということです。**怒らなくてもいいことに気をつけるようになると、人間関係のトラブルやもめごとを未然に防ぐことができます。

たとえば、感情にまかせて部下を怒ってしまったあとで、「あんなふうに怒らなければよかった……」と後悔したことはないでしょうか？

のちのち後悔するような怒り方をするくらいなら、それは怒る必要がなかったということかもしれません。

逆に、怒らなくてはならないときに怒れなかったと後悔することもあるでしょう。


アンガーマネジメント診断を受けることで、**自分の怒りの傾向、特徴を理解することができ、怒りに振り回されず物事に対処できるようになります。**

診断結果にいい悪いはありません。ご自分の現状ということで、そのまま受け取ってください。


巻末綴じ込みのアクセスコードを使うと、より本格的なアンガーマネジメント診断を受けることができますが、次のページでは自分の「怒りタイプ」をすぐ診断できる「クイック診断（簡易版）」をご用意しました。ぜひ挑戦してみてください。

あなたの「怒りタイプ」〈クイック診断テスト〉

STEP 1

下記の質問に、

まったくそう思わない	1点
そう思わない	2点
どちらかというとそう思わない	3点
どちらかというとそう思う	4点
そう思う	5点
まったくそう思う	6点

で点数をつけてください。

Q01	世の中には尊重すべき規律があり、人はそれに従うべきだ	□
Q02	ものごとは納得いくまでつきつめたいと思う	□
Q03	自分がやっていることは正しいという自信がある	□
Q04	人の気持ちを間違って理解していたということがよくある	□
Q05	性善説よりも性悪説の方が正しいと思う	□
Q06	言いたいことははっきりと主張すべきだ	□
Q07	たとえ小さな不正でも見逃されるべきではないと思う	□
Q08	好き嫌いがはっきりしているほうだ	□
Q09	周りの人が自分のことを何と言っているのか気になる	□
Q10	自分で決めたルールを大事にしている	□
Q11	人の言うことをそのまま素直に聞くのが苦手だ	□
Q12	後先考えずに行動できるタイプだ	□

STEP 2

点数をつけ終わったら、下記の計算をしてください。

① Q1 + Q7	□
② Q2 + Q8	□
③ Q3 + Q9	□
④ Q4 + Q10	□
⑤ Q5 + Q11	□
⑥ Q6 + Q12	□

いちばん点数が高かったのは、①〜⑥のうち、どれですか？ □

※同点のものが2つ以上ある場合は、すべての番号を記入してください。

☞ 判定は次のページ！

判定

①がいちばん高かったあなたは…**公明正大**タイプ（64 ページ）

②がいちばん高かったあなたは…**博学多才**タイプ（74 ページ）

③がいちばん高かったあなたは…**威風堂々**タイプ（84 ページ）

④がいちばん高かったあなたは…**外柔内剛**タイプ（94 ページ）

⑤がいちばん高かったあなたは…**用心堅固**タイプ（104 ページ）

⑥がいちばん高かったあなたは…**天真爛漫**タイプ（114 ページ）

※同点のものが 2 つ以上あった場合は、それらのタイプの混合型である可能性がありますが、詳細を知りたい方は、「アンガーマネジメント診断」をぜひ受けてみてください。

本書をお買い上げくださった方限定で、
よりくわしい「アンガーマネジメント診断」が受けられます！

- 怒りのタイプ　のほか、
- 怒りの耐性
- 怒りの特徴
- 怒りの攻撃性

の診断と、アドバイスを
受け取ることができます。

（サンプル）

いますぐこちらへアクセス！

https://www.angermanagement.co.jp/ambook/

アクセスコードは本書の巻末に綴じ込みのチラシに印刷されています（1冊につき、お一人さま1回受けられます）。

「診断結果」はここをチェック！

「アンガーマネジメント診断」はいかがでしたか？

この「アンガーマネジメント診断」では、特に偏差値の高い上位2つをあなたのタイプとして提示します。たとえば、61ページの例では、「天真爛漫」と「博学多才」が強いタイプの人となります。

まずは、「怒りのタイプ」の六角形の形を見てみましょう。正六角形に近いと、人が持っている6つのパターンの「地雷」を均等に感じているということです。

突出しているところがあれば、そこがあなたの「怒りの癖」であり、その部分に敏感に反応しすぎているということです。逆に、凹んでいるところは、よく言うとその部分についてはおおらかだということになります。

繰り返しになりますが、これらの癖に正解、不正解はありません。自分には今、どのような癖があり、どのタイプが強く、あるいは弱く出ているのかを把握するようにしましょう。

なお、診断結果は、今後も変わらないということはなく、その都度変化していきます。今回の結果は、「受けた当日の結果」として受け止めてください。

できれば、数か月に一度程度は定期的に受けるのがおすすめです。結果を比較することで、あなたの怒りの状態の変化を知ることができます。結果を受けて、これからどうなりたいのかを建設的に考える一助としていただければ幸いです。

では、次のページから「怒りタイプ」別に特徴や改善方法を見ていきましょう。

タイプ
1
公明正大

「ブレずに突き進む！正義の人」

あなたは、正義や信念をしっかり持っていて、つねにそれを貫けるタイプです。使命感に燃え、自分が信じることに脇目もふらず突き進んでいくのが特徴です。

1 このタイプの人の特徴

○長所

「電車内で周囲のことを考えず、大声で電話するような人は許せない人」。

公明正大タイプの人を一言でいうとそうなります。マナーの悪い人には、面と向かって注意してしまう勇気も持ち合わせています。

正義感が強く、道徳を重んじる高い理想の持ち主で、物事を秩序づけ、規律正しいルールを実直に守ります。自分の信念に向かってまっすぐに突き進むタイプです。それに加えて、意志が強いため、誘惑に惑わされるようなことはありません。行動力だけではなく、冷静に物事を考える面もあるのです。

○短所

正義感が強い人は、どうしても周囲の人から気難しい人と思われがちです。使命感が強いだけに、自分の力以上の仕事を背負いこんでしまう傾向もあります。

勤勉で向上心が高いので、自分に厳しいところもあります。自分だけではなく、他人にも厳しいので、特に社会のルールやマナーに関しては自分の考えを押し通すところがあります。

正しいことも重要ですが、ときには周囲の雰囲気を気にかけることも大切です。

2 怒り方の癖

正義感が強く、自分の信念を曲げないため、あなたが間違っていると思うことを他の人がしていると、必要以上にそれに介入しようとすることがあります。

- 自分には裁く権利がないものでも、自分が裁かなければ気がすまない
- 正義を通すためなら、時には法を超えることがあってもしかたがないと思う
- 自分がしつけをしなければいけないと強く思う
- ほんの少しでも曲がったこと、正しくないことが許せない

3 怒りの裏にあるキーワード

あなたが怒りを感じたとき、その怒りの裏には次のキーワードが隠れていることが多いです。たとえば、電車の中でマナー違反を見たとき、テレビで芸能人の不倫を見たときにイラッとしたのであれば、その怒りの裏には「マナー」「倫理観」といった言葉が隠れています。

道徳心　正義感　倫理観　裁く　マナー　しつけ　親的態度

4 改善トレーニング

裁判官や警察官など特殊な職業の人でないかぎり、私たちは他の人を裁くことも、罰することもできません。法にかかわってお仕置きすることはできないのです。誰かに対して評価をすることは自由ですが、そのことと罰することは違います。

イラッとすることへの対処については、あなたができること、できないこと、重要なこと、重要でないことの視点で考えてみましょう。できることはやればOKですが、**できないことはできないと考えて線を引く努力をしましょう。**

Training

「できること」「できないこと」トレーニング

何かに怒ったとしても、私たちにはできることとできないことがあります。

何ができて、何はできないか。怒りに振り回されているときは、この線引きがわからなくなっていることがよくあるのです。

たとえば、電車の中でマナー違反の人を見たとします。あなたがその人を変えることはできることでしょうか、できないことでしょうか？

また、テレビで芸能人のプライベートの問題に怒りを感じ、それを叩きたいと思ったとします。あなたがその芸能人を変えることはできることでしょうか、できないことでしょうか？


怒りによって行動することは自由ですが、怒りにまかせて行動することでトラブルに巻き込まれたり、余計にストレスを抱えたりすることもあるということは知っておいていただきたいと思います。

次のページのようなシートを用意して、あなたが「できること」「できないこと」を書き出してみてください。

できること	できないこと
（例）電車内でマナーが悪い人に注意する。	（例）不倫した芸能人に不倫をやめさせる。

5 このタイプの人の見分け方

このタイプの人は、自分の正義感、道徳観に自信を持っているので、誰かが少しでも間違っていることをしていたら、強く非難する傾向があります。

正論を言えば許されると思っているところがあり、また間違ったことをする方が悪いという態度をとりがちです。

6 このタイプの人と上手につき合う方法

〈上司〉

たとえば、「週末に起こったことも、上司である私に報告しなさい」と、多少指導が行き過ぎと思えるようなことでも、それが正しいと思って言ってきます。

業務の範囲を超えるようなものについては、それは業務範囲外のことだと、毅然と伝えるのが一番です。

ただ、その人も決して悪気があるわけではありません。部下には正しくあってほしいという親心を持った、実は頼りがいのある人なのです。

〈部下〉

相手が上司であろうが、間違っていると思ったら、指摘しないと気がすみません。正論であれば、何を言っても許されると思っているところがあります。

使命感に燃えるタイプなので、私はあなたに期待していると言葉で伝えましょう。また、本人は正論を言っているつもりですが、往々にしてそれが間違っていることもあります。事実として正しいこと、間違っていることを丁寧に説明するよう心がけましょう。

〈友人〉

友人どうしなのに、ときどき親のように上から目線で物を言うことがあり、周囲に気を使わせてしまうタイプです。

イラッとするかもしれませんが、それはあなたを思っているからこそだと理解し、

「わかったよ」「ありがとう」などと伝えると素直に喜びます。曲がったことが許せないタイプですが、その分、忠誠心は強く、よい友人になれます。

〈夫婦・恋人〉

なかなか自分の非を認めない人と日常生活を共にするのは難しいことです。扱いを間違えると、モラハラやＤＶに発展してしまうこともあります。

公明正大タイプは自分の信念にかたくなになりがちなので、真っ向から反発しても収拾がつかなくなります。そんなときは、受け入れてもらえなかった意見や要望を相談、頼みごとという形で伝えてみましょう。

7 向いている職業・役割

公明正大というキャラクターを生かして、弁護士や裁判官といった法律関係や警察官や検察官といった法執行関係の仕事、会社であれば法務、総務などの不正を許さない業務、社会を見守るようなポジションが合っているでしょう。

タイプ 2

博学多才

「何事もきっちりさせたい！潔癖な完璧主義者」

何事にも白黒つけたがる傾向があります。好き嫌い、敵・味方、良い悪いなど、極端に物事を考えるタイプです。完璧主義でもあり、自分が納得しないと始められない、終われないという特徴を持っています。

好き嫌いははっきりしているものの、一定の距離を保った節度あるつき合いをするタイプです。

1 このタイプの人の特徴

○長所

つねに論理的で合理的な、明快な判断ができます。神経が細やかで礼儀礼節をわきまえ、パーフェクトな自分を目指す完璧主義者といえるでしょう。

厳しい状況でも弱音を吐かずベストを尽くし、物事をやり遂げるパワーの持ち主でもあります。向上心があり、学ぶことに前向きで自分を高めていくことができます。

○短所

優柔不断が許せず、判断力に欠ける人や曖昧な態度を取る人を受け入れるのは、あまり得意ではありません。

何事にも白黒をつける傾向があるため、中立的な立場に立つことができず、物事を〝良いか悪いか〟〝好きか嫌いか〟など、極端に結論づけてしまうのも特徴的です。

自分と価値観が合わない人にストレスを感じやすいので、不快感から逃れるため意見の合う人とばかりつき合い、いつのまにか交友関係が狭くなってしまう傾向があります。

2 怒り方の癖

世の中には、白黒つけられるものよりも、グレーなものの方が多いです。そのため、はっきりとしないことにイライラすることが多いでしょう。

優柔不断な人も許せないので、判断が遅い人、曖昧な考え方をする人と上手につき合うのが難しいようです。

- 好き嫌いをはっきりと言えない人、優柔不断な人が許せない
- 完璧を目指すあまり、物事を始められない、終わらせられない
- 自分と価値観の合わない人を排除しようとする

● 寛容な態度を取りにくい

3 怒りの裏にあるキーワード

あなたが怒りを感じたとき、その怒りの裏には次のキーワードが隠れていることが多いです。たとえば、態度をはっきりさせない人を見たとき、自分が納得するところまでいけていないことにイラッとしているのであれば、その怒りの裏には「二元論」「完璧主義」といった言葉が隠れています。

二元論　排他的　完璧主義　潔癖さ　非中立性　偏狭さ

4 改善トレーニング

何事にもたくさんの側面があり、白黒つけられることの方が少ないものです。なんでも白黒でとらえようとすると、受け入れられるものが少なくなってしまい、寛容さがなくなってしまいます。

なるべく物事を2つに分けて考えずに、別の視点からも見てみることです。**「こういう見方もできるのではないか」「第三者だったらどういう見方をするのだろう」と考える努力をしましょう。**

Training

スリーサイドトレーニング

物事には「主観」「客観」、そして「事実」の3つの側面があります。この3つを混同しないように切り分けて、そして書き出してみるトレーニングです。

たとえば、あなたが親友のAさんと、あなたのことを悪く言うBさんとが仲良く話をしているところに遭遇したとします。

このときに、「なんで私のことを悪く言っているBさんと、親友のAさんが一緒にいるんだ⁉ Aさんも私のことを悪く言っているにちがいない！」と思ったとしたら、それは「主観」です。

「客観」としては、「単純に、親友AさんとBさんが何かの話をしている」ということだけです。そして実際、「事実」は、AさんとBさんは偶然会って仕事の話をしていただけでした。


当然ですが、主観だけで見れば、それは自分の考えが中心になります。客観で見れば、自分の考えとは別の視点で物事を見られるようになります。事実は知りようがない場合もありますが、そこにたった1つしかありません。

これらの切り分けをする努力をすることで、何事も白黒つけようとするような考え方にならずにすむのです。

主観	客観	事実
（例）Ａさんと B さんが一緒にいた。私の悪口を言っていたにちがいない。	（例）単純に、Ａさんと B さんが何かの話をしていた。	（例）Ａさんと B さんは偶然会って仕事の話をしていただけ。

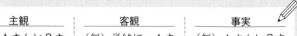

5 このタイプの人の見分け方

このタイプは、はっきりと好き嫌いを言う、物事を良し悪しで判断するなどの特徴があります。

一度決心してしまえば行動は早いのですが、仕事などでは完璧を目指そうとするために、自分が納得するまでは始めない、終わらせないといった態度を見せます。

6 このタイプの人と上手につき合う方法

〈上司〉

曖昧な報告を嫌がります。つねに良い悪い、メリット、デメリットがはっきりとした意見を求めます。仕事ではその中間にあたるものが多いのが現実ですが、思い切って「こちらの案の方がベターです」のように明確な報告や意見を伝えるようにしましょう。

判断には本人の納得が必要なので、客観的なデータなどの事前準備をしっかりとしておくと話を進めやすいでしょう。

〈部下〉

あなたが優柔不断だと部下はイライラしてくるので、上司として素早く決断し、「これはこうしてほしい」と具体的な指示を出すよう心がけましょう。

部下に相談するタイプよりも、強いリーダーシップを発揮するタイプの上司についていきたいと思っています。

〈友人〉

あなたは友人と思っていても、相手はそう思っていないかもしれません。それくらい交友関係のストライクゾーンが狭い人だと理解しておきましょう。

他の友人と自分とでつき合い方に差がある場合は、あなたは苦手な人間の方に分類されている可能性があります。そこで無理に距離を詰めようとすると、かえって距離感が遠くなることもあるので注意が必要です。

〈夫婦・恋人〉

優柔不断さやだらしなさをとても嫌うので、生活を共にするなら気をつけなくてはなりません。互いに気を許せる仲になったからと油断したり、素の自分を早い段階から出し過ぎたりすると、一気に嫌われてしまうことがあります。

7 向いている職業・役割

博学多才タイプの人は、つねに完璧を目指す几帳面な性格を活かした仕事を選ぶといいでしょう。研究者、技術者、生産管理などが向いています。

粘り強く、物事に凝りやすい面もあるので、編集者やデザイナーなども合うでしょう。

タイプ
3

威風堂々

「いろいろおまかせしたい！自他ともに認めるリーダー」

プライドが高く、ゴージャスで気品ある雰囲気の持ち主です。実際にステータスのある仕事や地位に就くことを目指しています。

自分で自分自身を評価することができ、自分を信じて前向きに進む力がある人です。リーダー的存在といえるでしょう。

1 このタイプの人の特徴

○長所

どんな状況でも気圧《けお》されることなく、堂々と自分らしくしていられます。行動力があり、面倒見もいい。そんな勝者の雰囲気から、自然とリーダー格として周囲に認められ、自分でも周囲の期待にふさわしい行動で応えようとします。

○短所

自信過剰、自己中心になりがちなところがあります。他人をコントロールすることにあまり罪悪感がないので、時に上から目線な言動で周囲の人たちを威圧します。また、低い評価をされると意固地になってしまう傾向があり、自分を理解してくれる人にしか心を開くことができないところも。誰とでも難なくつき合っているように見えても、実は表面的なつき合いしかできていないことがあります。

2 怒り方の癖

プライドが高いため、邪険に扱われたり、軽く扱われたりすると腹を立てます。自分で自分を評価できる一方で、他人からの評価を必要以上に気にしすぎるところがあるのです。

- 自信過剰で自己中心的になりやすい
- プライドが高いため傲慢になりやすい
- 自分は選ばれた特別な人間と思っている
- 人から少しでも大切に扱われたいという思いが強い
- 権利、義務、欲求を混同してしまう

3 怒りの裏にあるキーワード

あなたが怒りを感じたとき、その怒りの裏には次のキーワードが隠れていることが多いです。たとえば、他人からの評価が低いと感じたとき、特別扱いされていないと思ったときにイラッとしたのであれば、その怒りの裏には「自尊心」「プライド」といった言葉が隠れています。

自尊心　自信過剰　支配欲　プライド　勝者の視点　俺様　不遜

4 改善トレーニング

たとえば、誰かに対して「私の思いどおりにしてくれない！」とイラッとすることがあれば、**それは「義務」なのか「欲求」なのか「権利」なのかと考える**ようにしましょう。

「義務」であれば、それはやらなければならないことです。「欲求」は、単純にこちらの希望です。「権利」は、やることができるというものです。

自分が相手にしてほしいことが、このうちのどれに当てはまるのか整理できるようになると、どうでもいいことでイライラしなくなります。

Training

「権利」「義務」「欲求」の区別トレーニング

イラッとしたときに、そのもととなった出来事を「権利」「義務」「欲求」の３つの側面から分析してみましょう。

たとえば、あなたが残業で会社に残っていたとします。残業をしてまでこなさなければいけない仕事量なのに、部下はさっさと帰ろうとしています。

そこであなたは、「なんで上司が残業を一生懸命やっているのに、部下のあいつは帰るんだ!?」と思ったとします。でも、それは「権利」と「義務」と「欲求」を混同しています。

権利	義務	欲求
（例）部下は、早く仕事が終わったら早く帰宅できる。	（例）部下は、与えられた仕事、役割をこなすこと。	（例）部下は、早く仕事が終わったのなら、手伝ってほしい。

部下が帰る前に手伝ってほしいというのは、あなたの「欲求」です。そして、上司であるあなたは部下としての「義務」を求めていますが、部下にも、早く帰る「権利」があります。

怒りにまかせて「権利」「義務」「欲求」を混同しないようにすれば、部下の行動にいちいち腹を立てずにすむのです。

5 このタイプの人の見分け方

このタイプの人は、とにかく勝者のような風格を漂わせています。裏づけとなる客観的な実績や実力があるかどうかは関係なく、「強い自尊心」がそれを支えています。

一方で、他人からの評価を受けたいとも思っているので、他人に自分のことをどう思うか聞いて回るようなこともします。

6 このタイプの人と上手につき合う方法

〈上司〉

強力なリーダーシップを発揮してくれるので頼りになる上司ですが、その分、部下に対しても厳しいところがあります。下手に怒りを買わないためには、**上司の行動パターンをよく観察して、その一歩先を予測して行動する**ことをおすすめします。

また、行動や決断が遅い部下を評価しない傾向があります。自分が残業しているのだから、部下も残業して当然と思っているところもあります。

もし不合理な要求をされたら、真っ向から反論するよりも、たとえば「体調がすぐれないので、本日はこれで失礼いたします」などと、上手な言い訳を使う工夫をしてみましょう。

〈部下〉

自尊心を傷つけられると、強い怒りがわきます。たとえば、名前を呼び間違えられたり、少し大きな声で注意されるくらいの些細なことでも失望したり、凹んでしまいます。

多少面倒でも、「私はあなたを気にかけていますよ」という態度を見せてあげましょう。こうして自信がつくことで実力を発揮するタイプでもあります。

〈友人〉

プライドが高い人にとって、自分の意見は何よりも大切なもの。反論されたり、万一間違いを指摘されたりすると、途端に不機嫌になります。

「うんうん、そうだね」と共感してあげましょう。反論したいときは、まずは「そうかもしれないよね」と受け入れてから自分の意見を述べると効果的です。

〈夫婦・恋人〉

自他ともに認めるリーダーとして、みんなに頼られ必要とされたいという気持ちがあります。そこで、あなたの弱い部分をあえて見せ、甘えてみることも効果的です。自尊心がくすぐられて機嫌がよくなります。

また、相手に強く求める傾向があり、「自分はこれくらいのことをしているのだから、相手も同じくらいしてくれて当然だ」と思っています。よって、つねに感謝やねぎらいの言葉をかけるとよいでしょう。

7 向いている職業・役割

人づき合いが大きな要素を占める広報や営業といった仕事が向いています。初対面の人と会うときでも、堂々とにこやかに対応でき、いざトラブルが発生した際には迅速に判断、行動ができるからです。

ほかにも、コンサルタントやディレクター的な立場の仕事も合うでしょう。

タイプ4

外柔内剛

「ギャップが魅力⁉ 思い込んだら一直線の闘士」

柔らかな雰囲気があり、穏やかに見られることが多いのですが、内には強いものを秘めた人です。外側と内側にギャップがあるため、人から誤解をされることもよくあります。また、自分で決めたルールがあり、相手を同調させ、時には自分の型にはめ込もうとする頑固さも特徴です。

1 このタイプの人の特徴

○長所

外柔内剛の人は、その呼び名が示すとおり、内に秘めた強い気持ちを柔らかな雰囲気で包み込んでいます。その内面とは、自分の頭で考え、判断することが大切だという信念です。

責任感があり、自主性も強いため、どんな場所にいても頼られるキャラクターといえるでしょう。

○短所

どうしても譲れないことがあるので、それが弱みにもなります。後に引けなくなったり、根拠のない思い込みを抱えてしまったりすることも。

そうなると、人の話に耳を傾けるのもうまくできなくなり、勝手な思い込みをしてしまうという悪循環を引き起こしてしまいます。

2 怒り方の癖

表面上は穏やかに見られることが多いため、人からいろいろなことを無遠慮に頼まれてしまうことが多く、それがストレスになります。

自分で決めた「自分ルール」を尊重するので、気に入らないことをしぶしぶやろうとすると、非常に強いフラストレーションを感じます。

- 自分の考えを譲れなくなってしまう
- 自分のルールに当てはまらないことが許せない
- 人の気持ちを邪推してしまう
- 勝手に、「みんなもそう思っているはず」と思ってしまう
- 自分の考えが根拠もなく正しいと思い続けてしまう
- 人の話を聞くのが得意ではない
- 物事の整理が得意ではない

3 怒りの裏にあるキーワード

あなたが怒りを感じたとき、その怒りの裏には次のキーワードが隠れていることが多いです。たとえば、自分が決めた手順どおりになっていないと思ったとき、自分が思っていたことと違うのにイラッとしたのであれば、その怒りの裏には「自分ルール」「思い込み」といった言葉が隠れています。

頑固　思い込み　読心　自分ルール　融通がきかない

4 改善トレーニング

「みんなもそう」「常識」「相手が間違ってる」といった言葉が出てきたら、「自分ルール」に陥っている可能性があります。

つねに、それは独りよがりな考えではないか、チェックするようにしましょう。

そのうえで、他人には他人の価値観があり、自分が大切にしているのと同じように、その人も大切にしているものだと自分に言い聞かせてください。

また、邪推をしそうになったら、人や物事の良い面に目を向ける努力をしましょう。

Training

「思い込み」と「事実」の切り分けトレーニング

私たちは、つい「事実」と「思い込み」をごちゃ混ぜにしてしまうことがあります。思い込みが強ければ、事実はゆがんで見えてしまいます。

仮に、思い込みがゆがんでいたとしても、いつも事実を肯定的にとらえられればよいのですが、多くの人は思い込みにより、よく事実を自分にとって苦しいものや不都合なものに受け取ってしまうのです。

思い込み	事実
(例) X市に行くには、飛行機を使うしかない。	(例) X市への交通手段は、飛行機のほか深夜バスもあった。

たとえば、あなたはある仕事をやるには手段Aしかないと思っていると
します。でも、Aしかないと思っているのは、「思い込み」によるものか
もしれません。実際は、手段Bや手段Cという方法もあります（事実）。
そして、それによって容易に目標を達成することができるかもしれません。
このように、**「事実」と「思い込み」を分けられるようになることで、何事にもニュートラルに向き合うことができるようになります。**

5 このタイプの人の見分け方

ふだんは穏やかなのに、一度怒りの導火線が点火してしまうと、意固地さと思い込みの激しさが前面に出て、ふだんとのギャップに驚くことがあります。

また、「自分は自分」と割りきっているため、周りの友達の話を聞きながらも、言うことはそのまま聞かず、黙々と努力するタイプです。

6 このタイプの人と上手につき合う方法

〈上司〉

自分のやり方やペースを大切にしているので、うかつにそこに踏み込まないようにしましょう。いったん意固地になってしまうと、融通がきかなくなり、部下であるこちらの意見を聞いてもらうのが難しくなります。

そんなときは、時間を置いたり、頼みやすいタイミングを見つけたりしてアプローチするようにしましょう。

〈部下〉

自分のやり方に固執して、視野が狭くなっています。「視野を広げればいい」というアドバイスをしたとしても、頭ではわかっていても身体が動かないという反応をします。

そのため、全体像を見せるよりも、小さなステップで順を追って説明するようにしましょう。
いきなり大幅にやり方を変えることには抵抗があるので、まず小さなところを1つだけ変えるなど、スモールステップをつくる工夫をします。

〈友人〉

つき合いが長かったり、気心の知れた間柄になったりすると、自分と同じ認識を相手も持っているとますます思いがちになります。

いわゆる「自分ルール」な人は、その思い違いを指摘するより、まずは相手の正しい部分を認めてあげると落ち着いて話ができます。

〈夫婦・恋人〉

考えを押しつけられたり、批判されたり、責められたりすると、売り言葉に買い言葉で言い返したくなるタイプです。

ケンカを避けるには、まず反論したい気持ちを一度脇に置いて、その場では「そうだね。そのとおりかも」などと、相手の考えをいったん認めることが大切です。

7 向いている職業・役割

自分なりのしっかりとしたやり方、ルールを持っているので、シェフ、パティシエ、美容関係といった個性が求められる仕事や、1つのことを追求するという意味で職人、プログラマーなどの仕事が向いているでしょう。

タイプ5

用心堅固

勝てない勝負は決してしない戦略家

周囲の人との衝突を避ける賢さと用心深さがある人です。

ただ、誰とでも等しく仲が良いというのは、裏返せば、誰とも特に親しくないともいえます。

頭が良すぎて人間関係について考えすぎてしまう傾向があり、八方美人的なところもあるでしょう。

1 このタイプの人の特徴

○長所

頭の回転が速く、人を見る目に長けており、複雑な人間関係を読み解く策略家です。要領がよく、誰に対しても如才ないふるまいをすることができます。つねに慎重で、じっくり考えて行動するので、負ける勝負はしません。それゆえ、周囲の目上の人たちに安心感を与えるでしょう。

○短所

気が利いて愛想がいいふるまいの裏には、用心深くて心を開きにくく、人を簡単に信用することができない臆病さがあります。

自己評価が低く、周りからの批判を過敏に受け止めるところがあるため、なかなか一歩を踏み出せないことが多いです。

2 怒り方の癖

簡単には心を開かないかわりに、「あの人は○○だ」「この人は××だ」といった**レッテル貼り**をする傾向があります。それによって、人間関係がスムーズにいかず、ストレスを感じることが多くなります。

また、必要以上に悲観的になるところもあります。「私は誰にも評価されていない……」などと、オーバーな表現を使って、自分を悲劇の主人公にすることもあるので注意が必要です。

- 人を信じられなくなる
- 用心しすぎて何もできない
- 「あの人は○○だ」といったレッテルを貼ってしまう
- 劣等感が強くなってしまう
- 人との間に高い壁を築き、健全な人間関係をつくれなくなる

3 怒りの裏にあるキーワード

あなたが怒りを感じたとき、その怒りの裏には次のキーワードが隠れていることが多いです。たとえば、自分よりもうまくいっている人を見たとき、いきなり馴れ馴れしくされたりしたときにイラッとしたのであれば、その怒りの裏には「劣等感」「猜疑心」といった言葉が隠れています。

猜疑心　不信感　悲観　劣等感　レッテル貼り　ひがみ　やっかみ

4 改善トレーニング

「レッテル貼り」をしてしまうのは、人をよく見られていない証拠です。人と適切な人間関係をつくるためには、その人のことをよく見る努力をします。また、自分自身も胸襟を開き、自分がどういう人間であるかを相手に理解してもらう必要があります。

このタイプの人がオーバーな表現を使うのは、自分を正当化するためです。しかし、それを繰り返していけば、本当はそれほど悲劇でもないのに、いつの間にかまるで自分は悲劇の主人公であるかのような暗示をかけてしまいます。

自分で勝手に事実をねじ曲げないようにするためにも、オーバーな表現ではなく、正確な表現を心がけましょう。

Training

悪循環を断つ「例外探し」

このタイプの人は、劣等感が猜疑心を呼び、人をやっかみ、自分が悲劇の主人公であるかのようにふるまって折り合いをつけようとする傾向があります。

このパターンを打破するため、**過去の出来事を振り返り、いつもとは違**

「例外」を見つけて、悪循環のサイクルを断とう！

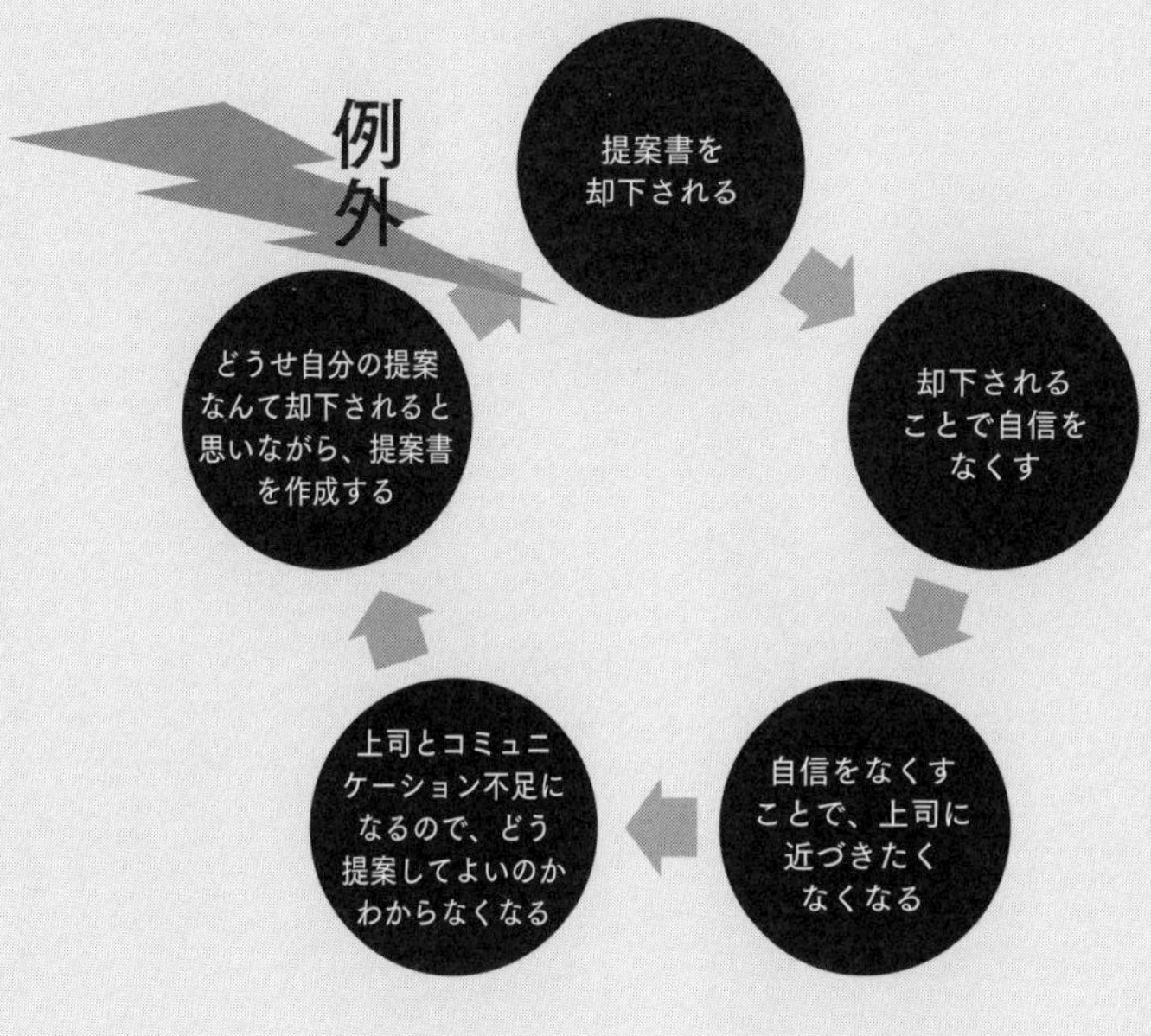

う「例外」を見つけてみましょう。次の質問に答えてみてください。

1. どんなときに、いつもと違うやり方でうまくいきましたか？
2. そのときは、どのようにやりましたか？
3. それはいつでしたか？
4. それはどこでしたか？
5. そのときは、誰と一緒にいましたか？

5 このタイプの人の見分け方

一見、とても社交的に見えます。他人から嫌われるのを極端に避けようとするあまり、自分に対する他人の評判を必要以上に気にしてしまいます。

交友範囲は広くても用心深いので、親友と呼べるような存在はいません。人との距離感を重視するので、必要以上に人の詮索をしないし、逆に人に詮索されるのを嫌がります。自分のパーソナルスペースをしっかりと持っているのです。

「最悪」「もうダメ」といったオーバーな表現を使うのも特徴です。それも、ポジティブなことではあまり使わず、ネガティブなことをオーバーに表現します。

6 このタイプの人と上手につき合う方法

〈上司〉

部下であるあなたの意見を黙って聞いてくれているようでも、必ずしも受け入れているとは限りません。時には、心の奥底で怒りを感じていることもあります。反論したり批判したりしないからといって、その上司を見下したり軽んじたりするような態度は取らないように気をつけましょう。くれぐれも、相手の立場には配慮が必要です。

〈部下〉

自分は他人から評価されていないと思い込んでしまうことが多いので、堂々と自分の意見を述べることを躊躇《ちゅうちょ》しがちです。そんな部下と本音で語り合う関係になるには、相手が安心できる環境を用意してあげる必要があります。

なかなか打ち解けてくれませんが、関係をつくるのは時間がかかるものだ、という前提でいましょう。

〈友人〉

相手に嫌われたくないので、その人の意見に同調することがこのタイプの常態となっています。そのリアクションを勘違いして、「私とあの人はとても気が合う！」と喜ぶのは早計。こちらに合わせているだけです。

〈夫婦・恋人〉

このタイプの人は、周囲にいつも丁寧で優しくふるまうので、場合によってはその相手に気があるのかと疑いたくなることもあるかもしれません。ただそれは、その人に嫌われたくない気持ちからきた行動だとわかってあげましょう。

なかなか人と打ち解けられないので、その人に好意を持っていたとしても、人間関係をつくるのには時間がかかるのです。

7 向いている職業・役割

真面目で用心深いキャラクターなので、銀行などの金融関係や、経理、会計などお金や数字を扱う仕事に向いています。

逆に、人間関係が入り組んでいる職場では消耗してしまいます。ドライなつき合いができる環境がよいでしょう。

タイプ 6

天真爛漫

「何でも思いどおりにかなえたい！」自由な表現者

思ったことを、思ったとおりに発言して行動するタイプです。自分の主張を素直に表現することができる人で、統率力に長けています。強いリーダーシップを発揮することができるでしょう。

1 このタイプの人の特徴

○長所

あらゆる物事に可能性を見出し、目標達成を目指すパワフルな人です。話すことが得意で、大勢の前でのスピーチでも、一対一の説得でも、自分の意見をもれなく伝えることができます。

議論も大好きで、意見が違う人と言葉を戦わせることによって、互いにより深い理解や成長につながると考えています。

○短所

自分が「できる人」であるため、相手の感情を考慮するのは苦手。自己主張が強く、行き過ぎると独裁者タイプになってしまうことも。

権威・権力に憧れがあり、主張が通らないと大きなフラストレーションを感じてしまいます。組織をまとめる力はあるのですが、時として高圧的になりすぎることも。独断専行に陥らないよう注意しましょう。

2 怒り方の癖

自己主張が強いので、自分の主張が言えない、通らない場面に直面すると、大きなストレスやフラストレーションを感じます。

そういった不満が解消されないと、自分の意見に従わない人に対して強気な態度で説得したり、大声で恫喝して無理やり従わせたり、後先を考えずに行動したりしてトラブルを起こしてしまうこともあります。

- 何がなんでも、自分の主張を通そうとする
- 誰に対しても、反抗的、批判的になってしまう
- 強く言えば何とかなる、圧力をかければ相手を変えられると思う
- 自分がそう思うのだから、相手も同じように感じていると思う

3 怒りの裏にあるキーワード

あなたが怒りを感じたとき、その怒りの裏には次のキーワードが隠れていることが多いです。たとえば、自分が好奇心のままに動けないとき、言っても相手が変わらないときにイラッとしたのであれば、その怒りの裏には「自己主張」「独善」といった言葉が隠れています。

自己主張　独善　高圧的　批判的　独立心　権威主義

4 改善トレーニング

人は、力ずくでは変わりません。人は誰かからの圧力で変わるのではなく、その人自身が変わりたいと本心から思ったときに変わります。

そして、力ずくで変えたとしても、その相手と健全な人間関係を長期的に築くことはできません。相手が変わらないのは、その人が悪いからでも、あなたが悪いからでもありません。

「十人十色」「蓼《たで》食う虫も好き好き」という言葉があるとおり、人の価値観、好みは実にさまざまです。自分と違う人がいることが自然なのです。

自分と違う人を見つけたら、好奇心を持って、自分もその人と同じように感じることができるか、チャレンジしてみるようにしましょう。

Training

「脇役」トレーニング

どうしても自分が「主役」であり、なかなか相手の気持ちに思いが至らないことがあります。そこで、自分も主張を通しつつ、相手も立てるにはどうすればいいか、**「脇役」の立場で考えてみます。**

自分の思いを100％通したとしたら、相手はどう思うでしょうか？

自分としては意味があると信じている仕事を
部下にさせようと思ったとき（例）

	自分	部下
100%	反論させない、質問もさせない。それくらいでもやってほしいと思う。	後でやらされたと言われたり、嫌々やることになるかもしれない。
70%	やることについて質問は認める。でもやらないという選択はない。譲ってここくらいまでか。	疑問に思いながらもやってはくれると思うけど、生産性は上がらないかも。
50%	意味があるかどうか、やりたいやりたくないを聞いて、相手に選択権を与える。ここまでするなら、そもそもやらない方がいいかもしれない。	自分の選択でやると決めたら積極的に取り組んでくれると思う。
30%	自分の意見を入れない。相手にほぼ全部任せる。こんなのなら自分がやる意味がない。	まずやらないと思う。

自分が70%なら、50%なら……と、シミュレーションしてみましょう。

このように、相手の気持ちを察するトレーニングをすることで、周りの人に対して寛容な態度を取ることができるようになります。

5 このタイプの人の見分け方

みんなから尊敬されたいとか、賞賛されたいなど、社会的に認められることを望みます。とにかく、注目されることが大好きです。豪快なイメージで、身ぶり手ぶりも声も大きくて自分の存在感を誇示したがります。

良くも悪くも、空気が読めません。言いたいことを黙っていることができないので、好きなことを言って周りを凍りつかせることもあります。

6 このタイプの人と上手につき合う方法

〈上司〉

横暴なところもありますが、悪気はありません。むしろ、一生懸命にやっているからこそ、そのようになってしまうところがあります。

気分屋の側面もあるので、朝令暮改もしょっちゅう。これも悪いことだとは思っていません。

ですが、このタイプの上司が真剣に検討していることと、思いつきで言っていることには、なんらかのパターンがあるはずです。部下として、どちらに真剣に耳を傾ければよいのか、見極める力をつけましょう。

面倒見はとてもいいので、頼られると力を発揮します。どんどん頼ってよいでしょう。

〈部下〉

考える前に行動するので、行動力はあります。その分、先走ってみたり、ホウ・レン・ソウが遅れたりすることもあります。

実行力があることは特長でもあるので、それを伸ばさない手はありません。部下の行動の先回りをして、計画に基づいた行動ができるようにサポートしてあげると、その能力を活かすことができるでしょう。

〈友人〉

マイペースなところがありますが、ある種のムードメーカーです。何にでも顔をつっこみたがるので、グループの中を引っかき回すこともありますが、本人に悪気はありません。

何歳になっても自由にふるまえる可愛い存在として、温かい目で見守るとよいでしょう。

〈夫婦・恋人〉

傍若無人にふるまうこともあるでしょう。特に、ケンカしたときなどは、力ずくで解決しようとする傾向があります。また、一度言いはじめると、気がすむまで自分の思うようにしたいと思っています。

力ずくに力ずくで対抗すれば、状況は悪くなるばかりです。合気道のように、力をいなすことを身につけると、ムダなケンカをしなくてすむようになります。

7 向いている職業・役割

起業家となって新規事業を起こす、事業開発部門で企画を担当するなど、バイタリティや好奇心を発揮できる仕事が向いています。

好きなことができないとフラストレーションがたまるので、主体的に創造的に仕事ができる場が必要です。良くも悪くも従順ではないことを生かせるポジションがよいでしょう。

第3章

【怒りの傾向別】「怒りの癖」を上手にコントロールしよう

「アンガーマネジメント診断」は、あなたの怒りのタイプだけではなく、**怒りの「強度」「持続性」「頻度」「攻撃性」「耐性」**、それぞれの要素の傾向、程度を診断することができます。

自分の怒りの特徴を理解することで、怒りの感情とうまくつき合うことができ、上司・同僚・部下、取引先、お客さま、そして大切な家族との関係性をより良いものにすることができます。

本章では、怒りの強度、持続性、頻度、攻撃性、耐性などの要素につき、それぞれが高い人の特徴、自分がそうだった場合の改善法についてお話ししていきます。

アンガーマネジメント診断の結果を見て、ご自分の怒りの特徴が高いところから見ていってください。

1 怒りの強度

診断結果をメモしましょう！

「強度」とは、怒り方の強さについての診断です。

同じ不愉快な出来事に遭遇しても、人によってリアクションはさまざまです。些細なことでも強く怒ってしまう人、それくらいはいいと受け流してしまう人、あるいは内心怒っていても表面には出さない人もいます。

怒りの強度が「高」い人は、一度火がつくと、必要以上に非常に強く怒る傾向にあります。相手から謝られても、自分の気がすむまで怒り続けてしまいます。度を越えて怒ることは、人間関係、健康、仕事、子育てなどの大きな火種になります。

こう指摘すると、怒りの強度の高い人は短所ばかりの人間ではないかと思いがちですが、決してそうとも言い切れません。

怒りが強い人、つまり「感情のままにふるまう」ことができる人は、自分らしさの表現が自然とできる人ともいえます。ですから、**むやみに「強い怒り＝悪」として無理に抑え込むのではなく、上手にコントロールできる状態を目指しましょう。**

一方、怒りの強度が「低」い人は、怒ったとしても強い怒りにはならない傾向があります。ふだんから優しくて、気持ちに余裕がある人だといえるでしょう。

しかし、穏やかな平和主義で「怒らない」と決めて怒らない人はいいのですが、怒る気力がない、怒ることが怖いという場合もあります。

もしかすると、つねに怒りの感情を自分の中に押し込んでしまっていて、それに気づいていない可能性もあります。もしそうであれば、注意が必要です。

怒りの強度が高いのはこんな人

- 「自己主張の強い人」
- 「ふるまいの乱暴な人」
- 「高圧的な態度の人」

いわゆる「昭和のカミナリオヤジ」をイメージしてもらうといいでしょう。子どもの頃、草野球のボールがその人の家のガラスを割ってしまったら、大声で叱られそうな近所の怖いおじさんです。

今の時代は敬遠されがちですが、かつては威厳の象徴、怖いけれどその一方で強くて頼りになる存在でした。

歴史上の人物にたとえると…

豊臣秀吉

「人たらし」と呼ばれた秀吉ですが、一度怒ると容赦ないことでも有名でした。

その最たる例が、「関白秀次切腹事件」です。

殺生を禁じた比叡山でシカ狩りをするなど悪行が多く伝えられ、世間から「殺生関白」と呼ばれていた甥の秀次を、一度は後継者としたものの切腹を命じ、その一族39名を一人残らず処刑しました。

とにかく、徹底的にやるというのが秀吉の怒り方だったようです。

平将門

将門は「新皇」を名乗り、関東で「天慶《てんぎょう》の乱」を起こします。朝廷は討伐軍を関東に送り込み、天慶3年3月14日、将門は平貞盛と藤原秀郷《ふじわらのひでさと》の奇襲を受け、馬上陣頭に戦って憤死したといわれています。

この「憤死」とは、辞書には「憤慨のあまり死ぬこと」とあり、実際には脳溢血・心筋梗塞などだと思われます。

ちなみに、オーストラリア・シドニーの急性心血管診療所が、心臓発作が確認された３００人以上の患者に対して行った調査によると、心臓発作が起こる2時間以内に極端な怒りを覚えた患者が心臓発作を起こすリスクは、通常よりも8・5倍も高かったそうです。

浅野《あさの》内匠頭《たくみのかみ》長矩《ながのり》

忠臣蔵で「悲劇の君主」として有名な浅野内匠頭も、実は短気でかんしゃく持ちだったといわれています。

事件は突然起こります。江戸城本丸御殿の松の廊下で、浅野内匠頭は「この間の遺恨、覚えたるか！」の怒声とともに、吉良《きら》上野介《こうずけのすけ》を斬りつけたのです。

吉良の意地悪にキレたという説もありますが、内匠頭の役目であった饗応《きょうおう》役の財政的負担にストレスがたまっていたのではないかともいわれています。

自分の怒りへの処方箋

怒りの強度が高い人は、一度怒ると、自分が怒っているということを主張したくて、必要以上に強く怒ります。

そこで、**イラッとするたびに自分がどの程度怒っているのかを冷静に考えてみる**ことが効果的な対処法といえます。

方法1 温度を記録する

「怒りのあまり熱くなった」などという言い方をしますが、その怒りの温度を記録してみるようにしましょう。

温度は10段階で記録します。穏やかな状態を0、人生で一番強い怒りを10としたら、今の「ムカッ!」はどれくらいの強さなのかと考えましょう。

はじめのうちは、「これを4点にすると、この前の2点はおかしいな」とか、「この前のあれが2点なら、今回のを5点にするのは違うな」などと、点数が定まらないかもしれません。

でも、繰り返し練習するうちに、**自分が本当のところ、どの程度の強さで怒っているのかを相対的に理解できるようになり、必要以上に強く怒ることがなくなっていきます。**

怒りは10段階で記録しよう

方法2 怒りを表現するボキャブラリーを増やす

「イライラする」「ムカつく」「腹が立つ」「激怒する」「気に障る」「カーッとなる」「怒りで震える」「逆鱗に触れる」……日本語には怒りを表現する言葉がたくさんあります。

ところが、実際に自分の感情を相手に伝えるときに、たとえば「ウザい」「キレる」「ムカつく」の3つしか思い浮かばない人は、怒りというとても幅の広い感情をたったの3つにしか分けていません。

言葉を3つしか使えないために、本当はちょっと「ウザい」くらいでも「ムカついて」「キレる」という反応をしてしまうのです。

怒りが強いという人は、日頃から怒りについてのボキャブラリーを増やしておくようにしましょう。怒りが心にわいたときには、今の気持ちを正しく表す表現は何かと考えてみるとよいでしょう。

表現を5つ使えるようになれば、怒りを5段階に表現できます。10個使えるようになれば、10段階に分けて伝えることができるようになります。

言葉の数だけ怒りの表現があります。怒りはとても幅の広い感情なのです。

怒りの強度が高い人との上手なつき合い方

怒りが強い人が身近にいたら、どのように対処するのがよいでしょうか？　ただ強い怒りの爆発にビクビクして過ごすだけでは疲れてしまいますよね。

まずは、次の3つのポイントをふまえて、彼らの怒りを観察してみることからはじめてみてください。

ポイント1　パターンを理解する

彼らの怒りには、時間帯、場所、相手など決まったパターンがあることが多いようです。

たとえば、朝の出勤前のあわただしい時間はいつもイライラしている、病院や混んだ電車内などストレスがかかる場所に行くとピリピリする、苦手な相手と会うとモヤモヤするなど、よく観察して怒りが発生しやすいパターンを知っておきます。そして、それらのパターンに当てはまりそうなら、あらかじめ配慮するようにします。

ポイント2 予兆を探す

怒りの予兆は、しぐさや言葉づかいで感じることができます。たとえば、目をすがめたり、髪やメガネなどを神経質に触ったりするなどです。

その出方は人によってさまざまですが、怒りの衝動を感じると無意識に出る言葉やしぐさはあるものです。日頃から観察していると、それを見つけることができます。

その予兆が見られたら、怒りの対象から気をそらせるなどの対処をしましょう。

ポイント3 地雷を踏まない

「逆鱗に触れる」という言葉があります。逆鱗とは、竜の顎《あご》の下に逆さに生えた鱗《うろこ》のことで、それに触れると竜が怒ってその人を殺してしまうという伝説から、ある言葉、行いが人を激怒させることをいいます。現代でいえば、「地雷を踏む」でしょう。

怒りの強度が強い人にとって触れられたくない言葉や行動を避けることで、衝突は避けられます。

2 怒りの持続性

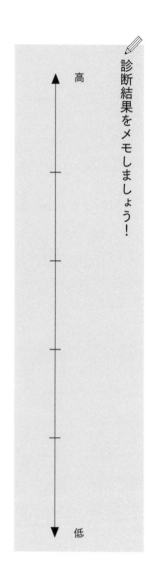

診断結果をメモしましょう！

怒りの「持続性」とは、怒りをどれくらいの間持ち続けるかを数値化した指標です。

そもそも、怒りは長いと一人の一生では終わらず、宗教や民族間の紛争のように世代や時代を超えることもあります。ストーカーも、自分の思うようにならない相手への怒りの感情がこじれてしまった現象ともいえます。

激怒しても一度発散してしまえば後腐れがない人、怒っても怒ってもずっと許せずに収まらない人など、怒りの持続時間も人それぞれなのです。

怒りの持続性が「高」い人は、ある意味、記憶力がよく集中力がある人だといえるでしょう。じくじくと怒りをため込んで、思い出し怒りを繰り返します。

しかし、長く続くうちに、怒りの感情がこじれてしまい、さらに恨みなどの厄介な感情に増幅してしまうこともあります。

「中」の人にも、忘れるのが難しい怒りの思い出があります。その怒りの感情にとらわれたままだと、不要な怒りを再燃させてしまったり、建設的に未来を考えることが難しくなったりします。

「竹を割ったような性格」という表現がありますが、一度怒りを発散させてしまえば、次の瞬間には何もなかったかのようにふるまえる人もいます。「低」の人はそういうタイプです。

怒りの持続性が高いのはこんな人

●「プライドが高く完璧主義」
●「神経が細やかで気配り上手」
●「ついつい考えこんで、自分の世界に入ってしまいがち」

怒りの持続性が高い人は、基本的に一見冷静で穏やかな雰囲気を持ちながら、内面では感情的な一面を抱えています。そんな人が突然怒ることがあります。

それも、怒られる方は思ってもみないほど昔のことが原因だったり、日常の些細なことについてだったりするので、怒られる方は驚くでしょう。

でもそれは、**ふだんから怒りを我慢している証拠なのです。**

歴史上の人物にたとえると…

明智光秀

本能寺の変で織田信長を謀殺した明智光秀。なぜここまで追い詰められたのか？重臣が居並ぶ席で信長に蹴り倒されたことを許せなかった積年の怨恨などの説がありますが、いずれにしても、織田信長と性格的に合わなかったのでしょう。

光秀はプライドが非常に高く、神経が細やかな人だったといわれています。

菅原道真

菅原道真は、宇多天皇のもとで政治手腕を存分に発揮し右大臣に抜擢されます。

しかし、讒言《ざんげん》により北九州に左遷され、京への思いを抱えたまま大宰府で没します。

その後、京では異変が相次ぎ、道真を陥れた人々に災いが降りかかります。そのため、道真の怒りを鎮めようと、「天満宮」に祀られたのです。

道真は清廉潔白な人格としても知られており、そういう人こそ怒らせると怖いと、平安の人々は考えたのでしょう。

崇徳《すとく》上皇

朝廷の権力争いで保元の乱で敗れた崇徳上皇は、流刑された讃岐の地で乱の戦死者供養のため写経をして、京の寺に納めてもらおうとします。

しかし、後白河上皇に「呪いが込められている」と突き返され、ついにキレます。舌を噛み切って、血で写本に呪いの言葉を書き込み、爪や髪を伸ばし続け、鬼のような姿で亡くなったといわれています。

日本史上、最悪の怨霊として畏れられました。幼いころからためにためた怨念が、最悪な形で噴出したのでしょう。

この崇徳上皇は、「瀬を早み　岩にせかるる　滝川の　われても末に　逢はむとぞ思ふ」という、百人一首の中でも人気の情熱的な恋の歌の作者でもあります。

自分の怒りへの処方箋

怒りの持続性が高い人は、基本的に余計なことを考えている人といっても過言ではありません。というのは、怒りを持続させている間、その意識は今ではなく、過去、未来、他の場所に飛んでいるからです。

過去というのは原因、未来というのは仕返しを考えているかもしれません。それらはすべて今、この場所にはないものばかりです。

そうではなくて、**今この場所にいることだけを考えるようにしましょう。**

苦しい過去もあなたの人生の一部ですが、それがこれからやってくる楽しく幸せな未来の足かせにならないようにすることの方が大事です。

よく言われることですが、**過去と他人は変えられません。** 持続する怒りで自分を苦しめるのはやめましょう。

では、余計なことを考えないようにするにはどのような方法があるか、ご紹介していきます。

方法1 利き手と逆の手を使って生活する

余計なことを考えないようにするには、たとえば「利き手と逆の手で生活する」という方法があります。

実際にやってみるとわかりますが、お箸を使う、料理をつくる、歯を磨く……利き手なら何も問題なくできることでも、逆の手で行うにはかなりの集中力が必要になります。作業に集中することで、余計なことを考えるスペースをなくすのです。

利き手とは逆の手でごはんを食べる、卵焼きをひっくり返す、奥歯の気になるところを磨くなどすれば、余計なことに心を惑わされずに、今自分が行っていることに集中できるのです。

しかし、これをずっと続けるのは難しいので、**「一日5〜10分」などと時間を決めるのがいいでしょう。**何度か繰り返すと、「今に集中する」感覚がつかめてきます。

方法2 歩きながら瞑想する

瞑想は、歩きながらでもできます。足の裏に意識を集中させて、どのようにして足の裏が地面に着地して、どのようにして離れるのか、右足、左足とフォーカスしていくのです。

人間が最も雑念にとらわれるのは歩いているときだといわれますが、さすがに1日中「歩き瞑想」をするのは難しいので、たとえば通勤途中の信号2つ分とか、散歩の10分間など、瞑想する時間を決めて行うとよいでしょう。

最近、**「マインドフルネス」**という言葉をよく聞くようになりました。実は、この歩き瞑想も利き手の逆の手で生活するのも、マインドフルネスのテクニックの1つです。

マインドフルネスは、ストレス解消法と解釈されることもありますが、もともとは**「今、ここ」に集中することで、不安からくる心身の緊張をほぐすもの**です。そのため、怒りのコントロールにも効果があります。

怒りが持続する人との上手なつき合い方

怒りが持続してしまう人は繊細な面を持っていて、つねに自分への評価を気にしています。批判に対しては敏感に反応しますが、傷ついていることを他人に見せることができません。

やはり、評価が気になるからです。周囲の人に嫌われたり、失望されたりしたくないのです。しかしそうすると、ため込み続けた怒りはいつか爆発してしまいます。

これらのことから、怒りが持続してしまう人とコミュニケーションを取る際には、次の3つのポイントに気をつけてください。

ポイント1 発言を中断しない

相手が何かを言っている途中で、割り込んで自分の意見を言ったり、間違いを指摘したりすると、些細なことでも否定されたという思いが積もり積もって、その人の心に鬱屈した怒りを残すことになります。

自分の意見を口にするのは、相手の話が終わってからにしましょう。できれば、その人の意見を否定するのではなく、「そうですよね。あと、こういう考え方もあるのでは？」などとやんわりと伝えるようにします。

ポイント2　怒りに共感する

子どもが怒ったり泣いたりしているとき、お母さんが子どもに対して「○○ちゃんは怒っているんだね」「悲しいね」「つらいね」と気持ちを言葉にしてあげて、背中をトントンしてあげているシーンを見たことはないでしょうか。

怒りが持続してしまう人にも、このようにして**寄り添うアプローチが有効です。**相手がイラッとしているなと感じたら、それをため込んで爆発する前に、適切な表現を使って共感してあげましょう。

ポイント3　「NO」の選択肢を提示する

優しくて嫌なことを断れないのも、怒りが持続する人の特徴です。そして、後から「あのときはつらかった……！」と怒ることがあります。

上司として残業を命じるときも、気になる相手をデートに誘ったりするときも、こちらからあらかじめ「ＮＯ」の選択肢を提示して、本心を言える環境を用意することで、相手のストレスを減らすことができます。

3 怒りの頻度

診断結果をメモしましょう！

「怒りの頻度」は、どれくらい頻繁にイライラしているかを表します。いろいろなことが気に障ってしかたがない状態だと、怒りの頻度は高まります。

逆に、頻度が低い人は、たとえ不快なことがあったとしても、「たいしたことはない」とスルーできる状態でいることができます。

誰でも心に余裕があるときは、他人の失敗に寛容になれますが、イライラしているときは、些細な失敗でもカチンときてしまうものです。

ファンでもない芸能人の不倫騒動を見て、目くじらを立てて怒ってしまうようなときは、イライラしているときだと思って間違いありません。

怒りの頻度が「高」い人は、つねに気持ちがささくれ立っている状態で、見るもの、聞くものすべてに引っかかりを覚えて頻繁にイライラしてしまいます。

そして、そのたびに大声を出したり、顔が険しくなったりというように怒りを表現する人と、怒りを表現せずにそれをため込んでしまう人がいます。

「中」の人は、イライラしたり、そうでなかったりと、気分にムラがあります。周りの人からは気分屋と見られているかもしれません。

「低」の人は、イライラ、カチンとくることがあまりありません。ただ、自分の感情に気づいていない可能性もあります。

怒りの頻度が高いのはこんな人

- 「せっかち」
- 「人に対して厳しい」
- 「気分転換が不得意」

頻繁に怒ってしまう人は、自分の気持ちを「伝えたい」という思いが強いといえます。「自分のことを理解されていないのでは？」という不安から、声を荒らげたり表情が険しくなったり、といった形で怒りを表現しているのです。

歴史上の人物にたとえると…

ベートーベン

「不滅の楽聖」として称えられる作曲家。音楽室に掲げられた、うねるような髪と気難しい顔の肖像画が有名ですが、実際は感情の波が激しかったと伝えられています。

機嫌がいいときは、人に親切にふるまうこともありましたが、一方でとても薄情になるときもあったそうです。虫の居所が悪いときには、物を投げつけたり、弟子の楽譜を破いたりすることもあったといわれています。

淀君

豊臣家を滅ぼそうとする徳川家康にイライラを募らせて、大坂の陣で全国から集まった豊臣恩顧の武将たちにヒステリー気味にふるまうわがままな女性、というイメージが強い淀君。

しかし、彼女には天下人秀吉の妻で、織田信長の姪という矜持《きょうじ》もあったでしょう。母娘ともに時代に翻弄された女性には、思うようにならないもどかしさがあったのかもしれません。

大隈重信

明治の元勲、早稲田大学創設者として有名な大隈重信は、優秀でその強気な政策立案や交渉術でも功績を残しました。そのあふれる覇気は、交渉相手のみならず、同僚の閣僚や部下をも圧倒していました。

周りの人は、大隈相手に不用意な意見を言えば怒鳴られ、バカにされることもあったようです。それゆえに、大隈は明治政府内や大臣を務める省庁内で孤立を深めることも度々ありました。

自分の怒りへの処方箋

まずは、自分がかかわれることとかかわれないことを区別し、**自分がかかわれないものについては「見ない、聞かない」という努力をする**ことです。

方法1　リラックス法を複数用意しておく

気分転換ができないと、イライラがたまる一方です。いつでもどこでも、ＴＰＯに合わせてできる気分転換の方法を何種類か用意しましょう。

週末にできるもの、半日あればできるもの、通勤途中にできるもの、家事をやりながらでもできるもの、オフィスでもできるものなど、たくさんの種類のものがあります。積極的に気分転換をし、イライラをこまめに発散していきましょう。

なぜリラックス法をさまざまなバリエーションで用意しておくとよいかというと、たとえば「週末に旅行に行く」一択だと、もし行けなかったときに、さらにイライラが募ってしまうからです。

リラックス法のおすすめは、身体の緊張をほぐすもの。たとえば、散歩、お風呂、ストレッチ、読書などです。

逆に、やけ酒ややけ食いはNGです。ただ単にお酒の量が増えたり、お腹がすいてもいないのに食べてしまったりと、ストレスを発散しているつもりでも新たなストレスを呼び込むだけです。

方法2 五代友厚《ごだいともあつ》の手紙を読む

前述したとおり、同僚の大臣相手でも怒鳴りまくっていた大隈重信。それは大隈の強みでもあり、弱みでもありました。

朝の連ドラ「あさが来た」で一躍有名になった大阪経済の父・五代友厚が、大隈の友人として、その短所を率直に指摘し忠告した手紙があります。

これは怒りの頻度が高く、そのことを持て余している人にとっては一読する価値があります。紙に書いて、トイレの壁や冷蔵庫などの目につくところに貼っておくといいでしょう。

1. たとえ間違っていたとしても、相手の愚説・愚論を最後まで聞きなさい。
2. 自分より地位の低い者が自分と同じ意見なら、その人の意見として採用しなさい。
3. 怒気・怒声を発するのを控えなさい。
4. 事務上の決断は、部下の話が煮詰まってからにしなさい。
5. 自分が嫌っている人にも、つとめて交際を広げなさい。

怒りの頻度が高い人との上手なつき合い方

周りの人も、かんしゃくを恐れるあまりイエスマンになっても、フラストレーションが増えるばかりです。

次の3つのポイントを踏まえて対処することをおすすめします。

ポイント1 **反論せずに、いったん流す**

自負心が強く怒りの頻度が高い人に真っ向から反論しても、火に油を注ぐだけです。

相手がクライアントや上司で、判断いかんで自分に火の粉が降りかかりそうであれば、反論せずその場では「そうですね」と同意しておいて、後で冷静に交渉できる場を設定するなどの対策を練りましょう。

ポイント2 **ホウ・レン・ソウを徹底する**

不安がさらなる怒りを呼ぶので、ホウ・レン・ソウ（報告・連絡・相談）は徹底するようにしましょう。

相手が怒りっぽいと、話しにくいと感じることがあるかもしれません。そういうときは、簡単なメモを書いたり、メールやチャットなどでやり取りしたりするといいでしょう。

ポイント3　意識してうなずく

自分が一生懸命に伝えようとしているのに、相手のリアクションが薄いと、さらに強く自分の思いを伝えようとします。

あなたが丁寧に「聞いている」「認識している」ということが伝わるよう、大きくうなずいたり、「はい」「そうですね」などとあいづちを打ったりして、相手が落ち着くのを待ちます。

4 怒りの耐性

診断結果をメモしましょう!

そもそも、「怒りやすい」かどうかを示す指標です。現時点での「心の容量」を測ると言ってもいいかもしれません。怒りの耐性が大きければ寛容でいられ、逆であればわずかなことでも許せなくなるということです。

また、怒りやすい人は怒られ弱く、怒りにくい人は怒られ強いという特徴があります。

この「耐性」は、ほかの項目と違って「小」の方が要注意となります。

怒りの耐性が「小」さい人は、自分以外の価値観をなかなか受け入れることができません。そのため、周囲の人との衝突も多くなるでしょう。

一歩譲れなくても、半歩だけでも譲る努力をしていきましょう。 100点満点でなくても、70点、50点でもまあよし、とするくらいの気持ちが大切です。

怒りの耐性が「中」程度の人は、他人の価値観に対して寛容になれないことがしばしばあります。何が受け入れられないのか、そしてそれは、どの程度受け入れられないのか、100点、70点、50点と具体的な数字で把握しましょう。

怒りの耐性が「大」きい人は、物事や他人の言動、価値観を寛容に受け止めることができます。とはいえ、何でも許すのが正しいわけではありません。

言いにくいからといって見過ごすのは、あなたの自尊心を傷つけることにもなるので注意が必要です。

怒りの耐性が小さいのはこんな人

- 「感受性豊かで繊細」
- 「確固たる意見を持った自信家」
- 「『あなたのために』が口癖」

太宰治

第1回の芥川賞に選ばれる気満々だった太宰治は、落選の報を聞き激怒。選考委員だった川端康成の厳しい選評に対し、「刺す。さうも思つた」という物騒な文章を発表しました。その一方で、同じく別の選考委員の佐藤春夫には、賞をねだる手紙を書いています。

芥川に心酔し、自らを芥川の最大の理解者として位置づけ、志賀直哉には「芥川の苦悩がまるで解っていない」と噛みついたこともありました。

フィンセント・ファン・ゴッホ

情熱的な画風からも想像がつくように、とても感情の起伏の激しい人物でした。あの有名な「耳切り事件」は、画家のコミュニティをつくるというゴッホの憧れが挫折したことから起こったそうです。

ゴッホが用意した家へ引っ越してきてくれたゴーギャンとは連日口論となり、思い描いていた夢の生活が崩壊。ゴッホは発作的に耳を切り落としたといわれています。

グスタフ・マーラー

19世紀後半、ウィーンで活躍した大作曲家・マーラーは、交響曲の天才だったと同時に、「敵をつくる天才」だったともいわれています。

ウィーン・フィルの指揮者に就任するも、あまりに理想主義的だったため、リハーサル中にイライラすると床を足で踏み鳴らしたり、音程の悪い楽団員を指揮台から指揮棒で指差したりなどの行動を取りました。

それを高圧的な態度と受け取った楽団員から反発を食らい、ついに辞任に追い込まれることになったのです。

自分の怒りへの処方箋

怒りの耐性が小さい人は、人や物事に対する許容範囲が狭い人です。そのため、自分と違う価値観を受け入れることが上手にできません。極端な話、自分と同じか違うかで判断しようとしてしまいます。

価値観は、人それぞれ違っていいのです。自分と違う価値観の人がいるから、社会は成り立っています。もし、みんなが自分と同じ価値観だったら、自分がやりたくないことは、みんながやりたくないことになり、世の中が動かなくなってしまいます。

自分と違う価値観を受け入れる努力をしましょう。そのときに、0点か100点で考えるのではなく、50点くらいは同じ、70点くらいは同じといった具合に、「違い」よりも**自分と「同じ部分」を見ようとする努力をしてください。**

そうすると、人や物事に対する許容範囲を広げることができ、ひいては耐性を大きくすることができます。

方法 許容範囲を少しずつ広げていく

たとえば、挨拶ひとつとっても許容範囲はさまざまです。

「おはようございます」と声に出して言われないと挨拶と認めない人もいれば、軽く会釈すればよいとする人もいます。アイコンタクトで十分という人もいるかもしれません。

「おはようございます」と声に出して挨拶されることを100点として、会釈は70点ぐらい。ここまでを、まず「挨拶した」という範疇《はんちゅう》に入れてみる。

アイコンタクトは30点で、許容範囲ではないけれど、まるっきり無視じゃないだけよいとする……。

このように考えていくと、これまで一方的に挨拶ではないと決めつけていた相手のアクションを受け入れることも無理ではなくなってきます。

怒りの耐性が小さい人との上手なつき合い方

怒りの耐性が小さい人というのは、自信家だけど繊細な人が多いようです。なので、相手が些細なことで感情的な口調で責めてきても、同じように攻撃的に対応して口論になっては話が進みません。

次の3つのポイントを踏まえて対処すると効果的です。

ポイント1 問いただすのではなく、教えてもらう

何気なく質問をしても、相手によってはそれを詰問のように受け取って、カチンときてしまうことがあります。

たとえば、「教えていただけますか?」「ご存じでしたら……」「どう思う?」な

ど声をかけてみるとよいでしょう。

ポイント2 結論から話す

人の話を長く聞くのが耐えられないことがあります。ですから、**話は結論から先に伝えましょう。**

気を使って前置きから丁寧に話したために、逆に相手をイライラさせてしまうことがあります。

ポイント3 下手におだてない

怒りの耐性が小さい人は、人にほめられるのは嫌いではありません。しかし、当たり前のことを改まってほめられると、「そんなこともできない人間だと思われていたのか！」と、ほめ言葉を「上から目線」の発言と曲解し、不快になってしまいます。せっかく気を使っても逆効果になりかねません。

5 怒りの攻撃性

怒りをどこにぶつけやすいかについての診断です。怒りの感情と上手につき合うことができないと、怒りの大きなパワーを攻撃的なエネルギーとして、どこかにぶつけてしまいます。

それが向かう先は、**「他人」「自分」「モノ」**のいずれかです。

診断結果をメモしましょう!

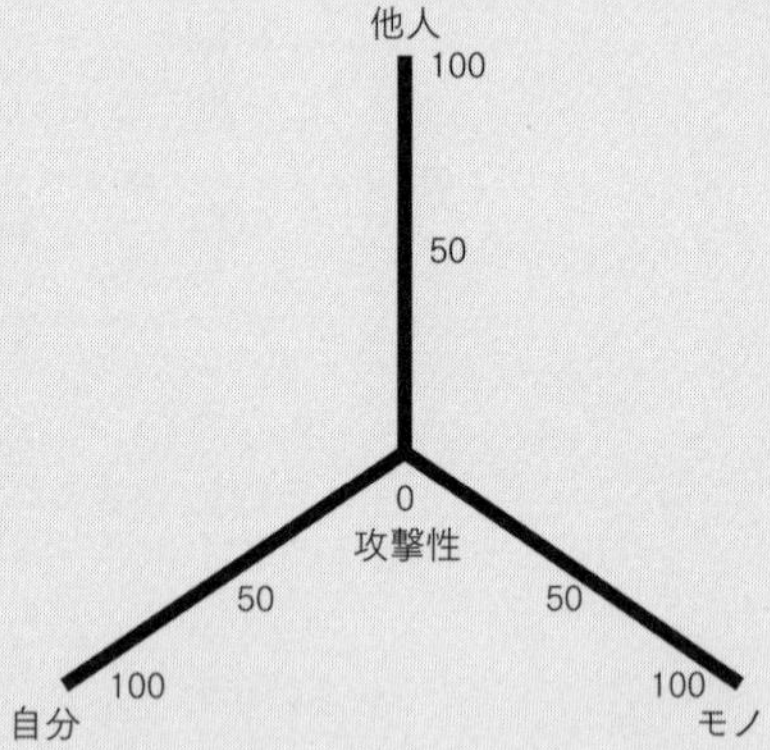

・「他人」

怒りを自分ではない誰かに向けやすい傾向があるかどうかです。怒ったときに人を責めてしまうのが特徴です。

攻撃性が他人に向いてしまうと、人と衝突することが多くなったり、人から敬遠されたりして、健全な人間関係を築くのが難しくなります。

・「自分」

怒りを自分に向けやすい傾向があるかどうかです。つまり、自分を責めることになります。

繰り返し自分を責めていると、怒りがどんどん鬱積したり、自分に自信が持てなくなったりしてしまいます。

・「モノ」

怒りをモノに向けやすい傾向があるかどうかです。つまり、モノを壊したり、乱暴に扱ったりします。

モノではなく、自分が向き合わなければならないことに向き合う勇気を持ちましょう。

怒りには、ほかのどの感情よりも強いエネルギーがあります。

そのエネルギーが攻撃性を帯びると、さまざまな対象に向けて放たれ、人やモノを傷つけたりするなど破壊的衝動につながります。

しかし、怒りのすべてが攻撃性をともなうかというと、そうではありません。

「なにくそ！」「見返してやる！」という意気込みで、目の前の仕事や勉強を成功に導くこともできるのです。

怒りを「他人」に向けてしまうのはこんな人

● 「防衛本能が強い」

不安や恐怖を感じると、その原因となる人ではなく、代理となる人にぶつける傾向があります。いわゆる「八つ当たり」です。

その怒りのエネルギーは、**家族や部下など、自分を許してくれると思う相手に向**

かっていきます。

織田信長

残虐で容赦のない一面があった信長。同盟関係だった徳川家康に対して、正室・築山殿《つきやまどの》が武田家に内通しているとして、嫡男・信康とともに処刑を命じたといわれています。

このときの家康は、悲痛を極めました。しかし、最終的に信長には逆らえず、築山殿を手にかけ、信康には自刃を命じました。

その背景には、優秀な家康の嫡男に対して信長が危機感を覚え、言いがかりをつけたという説があります。実の弟や妹婿に反旗を翻された信長は、人の裏切りを許すことができず、徹底的に攻撃的になったのでしょう。

怒りを「自分」に向けてしまうのはこんな人

●「いい人で罪悪感を抱えがち」

まじめで何事にも熱心、責任感や義務感が人一倍強い。誰かに怒りを向けることを悪いと感じているので、「怒り下手」な傾向があります。

行き場を失った怒りは自分に向き、無力感にさいなまれたり、自己肯定感を下げたりします。やがて、免疫力が低下するなど、体調に影響を及ぼします。

石川啄木

啄木は、意外なことに生前にはあまり評価されていませんでした。『一握の砂』

と『悲しき玩具』の2冊の歌集には、啄木が抱えていた病気、貧乏、望郷、孤独、そして自嘲などのさまざまな感情が詠み込まれています。

本当は歌人ではなく、小説家志望だった啄木は、小説を書いても書いてもものにならない気持ちを歌に詠んだといわれています。

「はたらけど　はたらけど　猶《なほ》わが生活《くらし》　楽にならざり　ぢつと手を見る」という有名な短歌がありますが、そのときも怒りが自分自身に向いていたのかもしれません。そして、26歳という若さで亡くなりました。

怒りを「モノ」に向けてしまうのはこんな人

●「ふだんは優しく忍耐強い」

カッとなると、つい手元にあるモノを投げたり壊したりして、ストレスを解消しようとします。少し子どもっぽい部分があり、怒りを言葉で正確に表現できないために、反射的にモノに当たってしまうのです。

歴史上の人物にたとえると…

始皇帝

秦の始皇帝が行った「焚書坑儒」というものがありました。文字どおり、書物を焼き捨て、翌年、始皇帝に批判的な学者約460人を巨大な坑《あな》に埋めて殺したという思想言論弾圧です。

それだけ、儒教の教えが国の根幹を揺るがすとの不安から行われたのでしょう。その後、ナチス・ドイツも「焚書」をしたことで知られています。

自分の怒りへの処方箋

他人やモノを怒りのはけ口にしてしまう人は、まず自分が周囲に攻撃的になっていることを自覚してください。そして、自分が感じている怒りは、向けやすい人や、モノではなく、もっと別の形で、本来伝えるべき人に伝えなければなりません。

上司に怒られた部下が「これはパワハラだ」と感じることがあります。日本アンガーマネジメント協会が行った「怒りの感情が業務に及ぼす影響」についての調査によると、

・怒られた部下が上司に対して「パワハラだと感じる」のは53・8%
・一方、怒った側が「パワハラだと感じている」のはわずか16・7%

怒る側、怒られる側とで、なんと3倍以上の認識のズレがあるということが判明したのです。

これくらいはいいだろう、許してくれるだろうと思っていると、この温度差はさらに広がり、最後は取り返しのつかないことになるかもしれません。

もちろん、会社の部下だけでなく、家族や恋人といった身近な人に対しても同様です。

方法　怒りの対象から距離を置く

怒りが他人やモノに向かってしまう人は、スポーツでも趣味でもいいので、自分の好きなことに打ち込んでみるといいでしょう。

怒りの感情に自分の心を占拠されないよう、怒りの対象から物理的、精神的に距離を置き、リラックスした時間を持つようにします。

怒りの攻撃性が高い人との上手なつき合い方

一般的に、「八つ当たり」のターゲットにされやすいのは、真面目で優しい人です。理不尽な扱いをされても、文句を言わず耐えてくれるからです。期待どおりの反応をしてくれる人も、攻撃されやすいといえます。

ポイント1　反撃しない

怒りを発散させることに夢中になっている相手に正論で立ち向かっても、火に油を注ぐだけです。相手が自分よりも立場が上の場合は、反論を「口答え」ととらえて、さらに責めてくる可能性もあります。

ここは、心に壁をつくって「はい」「そうですね」「すみません」などの、相手を否定しない言葉で受け流し、その場を乗り切りましょう。

ポイント2 その場から去る

不穏な雲行きを感じたら、とにかくさっさと避難します。自分とは無関係な怒りを浴びせられるという理不尽に耐える義理はありません。

とにかく、接触しないのが一番です。トイレに行くなどの口実をつくってその場から逃げて、捕まらないようにしましょう。5分ぐらいで戻ってみると、意外に収まっていることは多いものです。

ポイント3 「私は」を主語にして、自分の気持ちを伝える

1、2の方法を実践しても変わらないようなら、最後の手段です。意地の悪い言葉、モノを投げつける行動などの「八つ当たり」が、いかに周囲の人に恐怖を与え

ているかを率直に伝えましょう。

相手を責めるのではなく、私はあなたが怖いと思っていると伝えましょう。このように、**「私はこう思っている」と「私は」を主語にすると、相手を責めずに伝えることができます。**

第4章

アンガーマネジメントができるようになる21日間「体質改善」トレーニング

アンガーマネジメントは「心理トレーニング」

第2章では、あなたの「怒りタイプ」と怒りへの対処法を、第3章では、あなたの怒りの傾向を知っていただけたと思います。

自分の怒りの傾向がわかったところで、実際に怒りの感情をコントロールする方法についてお話ししていきましょう。

アンガーマネジメントを習慣化するためにご用意したのが、これからご紹介する「21日間トレーニング」です。

なぜ21日間なのかというと、人が何かを習慣化するのにはだいたい3週間くらいかかるといわれているからです。

最初は何事も大変ですが、逆をいうと**3週間続けることができれば、アンガーマネジメントが習慣になり、呼吸をするように当たり前にできるようになります。**

毎日やることが決まっていますので、メニューどおりにこなしているうちに、いつの間にか3週間経ってしまうことでしょう。

このプログラムには、

① **毎日すること**

アンガーログ

ムカッときたら「3つの暗号」

② **その日だけすること**

【1日目】ミラクルデイ・エクササイズ、変化ログ

【7日目】3コラムテクニック

【8、15日目】サクセスログ

【14日目】べきログ

③　**余力があればやってほしいこと**

【1週目】ブレイクパターン

【2週目】24時間アクトカーム

【3週目】プレイロール

の3種類があります。

各日にやることをチェックしながら、ぜひ21日間続けてみてください。

1～21日目のトレーニング内容

毎日すること		アンガーログ　ムカッときたら「3つの暗号」	
1週目	1日目	ミラクルデイ・エクササイズ　変化ログ	※（ブレイクパターン）（1日目～7日目）
	2日目		
	3日目		
	4日目		
	5日目		
	6日目		
	7日目	3コラムテクニック	
2週目	8日目	サクセスログ	※（24時間アクトカーム）（8日目～14日目）
	9日目		
	10日目		
	11日目		
	12日目		
	13日目		
	14日目	べきログ	
3週目	15日目	サクセスログ	※（プレイロール）（15日目～21日目）
	16日目		
	17日目		
	18日目		
	19日目		
	20日目		
	21日目	ミラクルデイ・エクササイズ	

※（　）つきのものは余力があればやってみてください。

1【毎日すること】アンガーログ

怒りのコントロールをはじめるにあたって、そのベースとなるのがこの**「アンガーログ」**（怒りの日記）です。

「アンガーログ」とは、イラッとしたこと、頭にきたことを記録することです。文字化することによって、怒りの内容を具体的に「見える化」することができる有効なテクニックです。

怒りの感情は、目に見えませんし、時間が経てば細かいことは忘れてしまいます。意外ととらえにくい怒りというものを把握するために、このアンガーログが役立ちます。

自分が日頃どんなことにムカッとくるのか、イライラするのかがわかると、自分の怒りの感情をマネジメントできるようになるのです。

また、記録する癖をつけることで、**その場で一瞬冷静になることもできます。**反射的に怒ってしまうかわりに、そのときの感情をメモすることで、怒りの感情をいったん受け止めることができるのです。

ある福祉施設では、この「アンガーログ」を全職員がつけることにしました。すると、離職者が劇的に減り、コミュニケーションが円滑になり、その結果、サービスの質も上がったそうです。

では、さっそくアンガーログの取り方を見ていきましょう。

アンガーログをつけるときのポイントは、次の3つです。

① その場で書く
② イラッとしたら、カチンときたら、その都度書く
③ 書いているときには、いっさいの分析をしない

この3つのことを守れば、アンガーログの書き方は基本的に自由です。日記帳に書いてもノートにつけてもかまいませんし、スマホでつけてもかまいません。

LINEなどのメッセンジャーアプリを使えば、日時の記録も残せるので便利です。

●「アンガーログ」の項目例

1. 怒った日時
2. 怒った場所
3. 何があったか
4. 思ったこと
5. 怒りの温度（10段階）

アンガーログを書くときは「分析や批評をしない」と申し上げましたが、記録を続けて数日分ほどのログができたら、その内容を見直してみましょう。

そうすると、**自分の怒りの傾向、特徴を客観的に知ることができるようになります。**

1. 日時	○月○日
2. 場所	朝の通勤途中
3. 何があったか	X社からの見積がまだ来ない
4. 思ったこと	あれほど「急ぎで！」とお願いしたのに！
5. 怒りの温度	1　2　3　4　5　(6)　7　8　9　10

1. 日時	
2. 場所	
3. 何があったか	
4. 思ったこと	
5. 怒りの温度	1　2　3　4　5　6　7　8　9　10

●「アンガーログ」の例

1.○月○日　2.朝通勤途中　3.Y社からの見積がまだ来ない　4.あれほど早めにとお願いしたのに！　5.温度は6点

1.○月×日　2.社内の自分のデスク　3.仕事をまかせた部下から報告がない　4.思い切ってまかせたけど、時期尚早だったかも　5.温度は2点

1.○月△日　2.自宅　3.帰宅が遅い家族から何の連絡もない　4.一言LINEを送るのがそんなに大変なのか！　5.温度は4点

これらのログからは、「連絡が滞るとイライラする」という傾向がわかります。

また、「思ったこと」のログ（4.）からは、この方は「連絡は早めにきちんとするべき」という「べき」を持った、心配性でせっかちな性格だということがわかります。

というわけで、この方の場合は、家族や部下と話し合って連絡や報告を徹底してもらうようにする、外部へのメールには「明日までにご返信ください」と期日を明記する、などの対策が考えられます。

このように、**アンガーログを活用することで、自分の怒りの傾向、自分の「べき」を知ることができます。そして、その対策が立てられるようになると、不要な怒りを避けることもできるようになるのです。**

2【ムカッときたら】「3つの暗号」

毎日の生活の中でムカッときたときに、その都度行うことです。別名「3つの暗号」ともいい、文字どおり、怒りを感じたときにやること3つを指します。

(1) 衝動のコントロール――「6秒」待つ

ムカッときたら、6秒待ちましょう。諸説ありますが、怒りの感情のピークは6秒程度といわれています。その6秒をやり過ごすことができれば、反射的に怒ってしまうことを避けられるのです。

では、どのようにすれば6秒やり過ごすことができるのでしょうか。その方法をご紹介していきます。

おすすめは、**「コーピングマントラ」**。ムカッときたら、すぐにその場で自分を落ち着かせるフレーズを心の中で唱えるテクニックです。

唱える言葉は何でもOKですが、あらかじめ用意しておきます。たとえば、「大丈夫、大丈夫」「どうでもいい、どうでもいい」などです。

言葉でなくても、手をグーパーさせる、腕を回すといった動作でもかまいません。

ポイントは、それをすることによって、その場で気持ちを落ち着かせることです。

「スケールテクニック」と呼ばれるテクニックも有効です。心に怒りの温度計のイメージを用意しておき、イラッときたら3点とか5点とか、自分の中で怒りの温度を点数にする方法です（132ページ参照）。

私たちが怒りの感情をコントロールしにくい理由の1つとして、怒りについて尺度を持っていないことが挙げられます。今怒っていることと、この前怒っていることを比較したことがないのです。

たとえば、「0点」は心が落ち着いている状態、「10点」は人生最高の怒りの温度とすると、「貸していたDVDを返してこない」という程度の怒りは「3点」、などと点数をつけてみます。

このように点数をつけるメリットは、**その場で怒りを客観化できること、そして点数をつけ続けることであらかじめ対処策を用意しておくことができること**です。

気温で考えてみると、10℃のときは何を着る、25℃のときは何を着るといった具合に、気温に合わせて着る洋服が変わります。同じように、怒りの温度がわかれば、そのときにどう対処すればよいのかがわかるのです。

これらのテクニックを使って、怒りの対象から気持ちをそらすことができれば、6秒はあっという間に過ぎ去ります。

(2) 思考のコントロール――「三重丸」を頭に描く

反射的に怒ってしまわずにすんだら、**頭の中に「三重丸」を描きます。**三重丸はあなたの〝べき〟の許容度を表しています。

一番中心は、自分の〝べき〟とまったく同じ。つまり、100点の状態です。2番目は、自分の〝べき〟とは違うものの、「まあ許せる」という範囲。3番目は、自分の〝べき〟とは違って「許せない」です。

アンガーマネジメントの目的は、怒らなくなることではありません。怒る必要のあることは上手に怒り、怒る必要のないことは怒らなくてすむようになる、その線引きができることです。言い換えれば、この「三重丸」を自分なりにはっきりと描くことです。

その怒りは、①～③のどのゾーンにある？

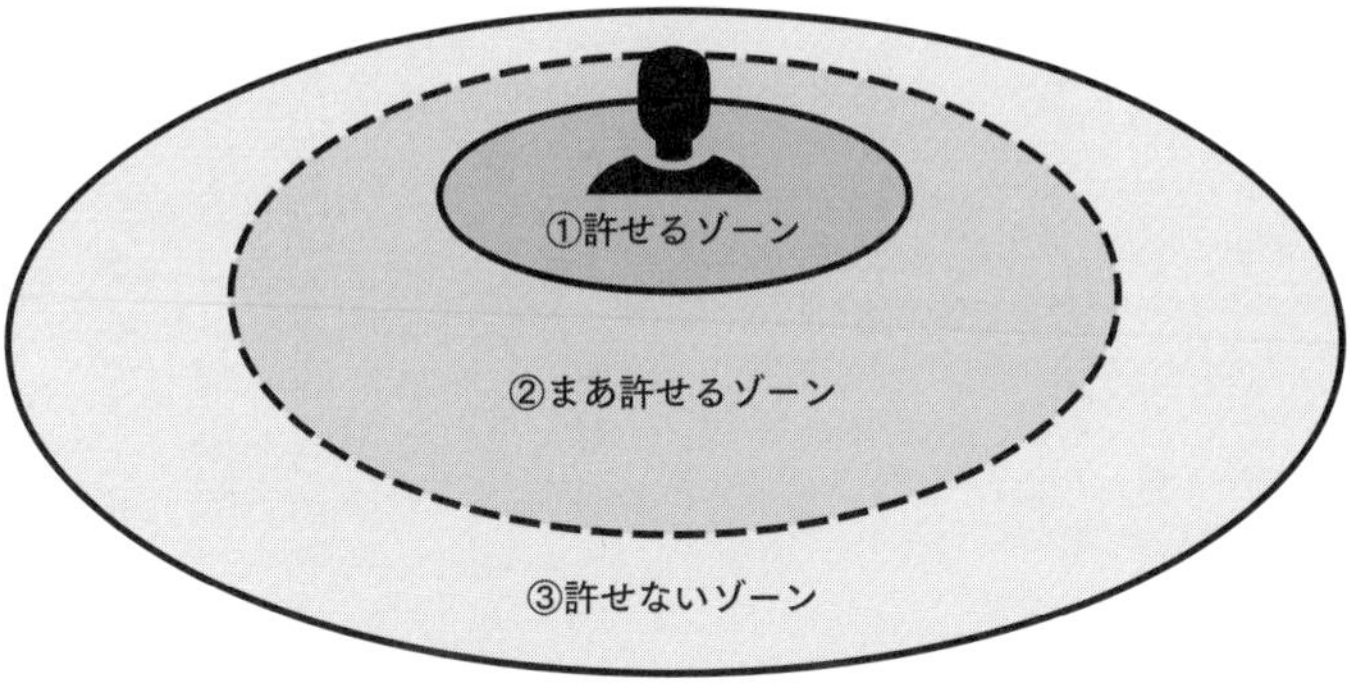

①自分と同じ「べき」
②自分の「べき」とは少し違うが許容範囲
③自分とは違う「べき」で許容できないもの

怒りを感じることがあったら、図の①、②はどこまでの範囲になるか、を考えてみます。

あなたは今、挨拶しない後輩にイラッとしたとします。

まずはこの場合、どういう状態であれば自分にとって①なのかを考えます。たとえば、「後輩がこちらの目を見て、聞こえるように『おはようございます』と言う」。これが、自分が最も望む状態です。

次に②、「まあ許せる」範囲を考えます。そのときのポイントは、**「せめて」「少なくとも」「最低限」**

といった言葉を使って考えることです。

たとえば、「せめて、『おはようございます』は言う」「少なくとも、こちらの目を見て挨拶する」「最低限、声を出す」などです。これが、自分の許せる範囲です。

この②の範囲を広げられるようになると、イライラすることは減っていきます。

といっても、無制限に何でも許すというわけではなく、今は曖昧になっている**「許せること」と「許せないこと」の境界線を自分なりに引く練習をする**ということです。

(3) 行動のコントロール――「分かれ道」を探す

繰り返しになりますが、アンガーマネジメントは、怒ることを否定するものではありません。怒るときは怒り、その必要がないときは怒らないというように、区別をはっきりさせるのがアンガーマネジメントの考え方です。

先ほどの「思考のコントロール」でどう考えても③に当てはまると思ったら、自信を持って怒りましょう。

ただし、そのときにどう行動すればよいのかについてお話しします。

まず、今イラッとしている問題は、**「自分で変えられること」なのか、「変えられないこと」なのかを判断します。**

たとえば、乗っていた電車が停止してしまって、車内に閉じ込められてしまった場合。「事故があったので、安全確認がとれるまで少々お待ちください」とアナウンスがありました。これは、自分でどうにかできる問題ではないですよね。

次に、重要度が高いか、低いかを判断します。

たとえば、タクシー待ちの行列に横入りされたという場合。すごく寒いときとか、足が痛いときには多少変動があるかもしれませんが、これもたいして重要度は高くないと判断することができます。

そうやって考えていくと、次の2×2の4つのカテゴリに分けることができます。

①　自分で変えることができる　＋　重要である
②　自分で変えることができる　＋　重要ではない
③　自分で変えることができない　＋　重要である
④　自分で変えることができない　＋　重要ではない

あなたが今怒っていることは、表の①〜④のどれに当てはまるでしょうか？

それが①なら、**今すぐに取りかかる課題**です。ただし、その際、「いつまでに？」「どの程度変わったら気がすむか？」を決めて行動します。

ここには、部下や子どもを当てはめる人が多いかもしれません。多くの人が「何度言っても変わらない」とイライラしているのは、それは自分のなかで、いつまでに、どの程度変わったら気がすむかを決めていないからです。

次に、②に当てはまるなら、それは**余裕があるときに取りかかればよい**というものです。今考えることではありません。

たとえば、夜中に部下からのメールの内容を思い出してイライラしているとしま

	自分で変えられる コントロール可能	自分で変えられない コントロール不可能
重要である	① 今すぐ取りかかる ・いつまでに？ ・どの程度変われば気がすむか？	③ 変えられない現実を受け入れる 現実的な選択肢を探す
重要ではない	② 余裕があるときに取りかかる ・いつまでに？ ・どの程度変われば気がすむか？	④ 放っておく

す。でも、夜中である今は何もできないのですから、そんなことは考えない努力をすることが必要です。

③は、扱いが厄介です。ここに当てはまることは、**変えられない現実を受け入れなければならない**ので、心情的にハードルが高いのです。

あなたが急いでいるときに渋滞にはまったというケースを考えてみましょう。渋滞は、どんなにがんばっても自分の力で変えることはできません。でも、急いでいるから重要なのです。

この場合は、「渋滞は変えられない」という現実を受け入れたうえで、先方に連絡をしたり、音楽を聴いて気を紛らわせるなど、自分でできることをします。

ここには、そりの合わない上司も当てはまるでしょう。残念ながら、上司を変えることはできないので、その事実を受け入れたうえで、現実的なつき合い方を考えるなどしなければなりません。


そして④は、**もう放っておく努力をする**ことです。

多くの人にとって、電車でのマナー違反がこれに当てはまるのではないでしょうか。気になるかもしれませんが、そんなことは見ない、気にしない努力をすることも、怒りの感情と上手につき合うためには必要な努力といえるでしょう。


ここまで、毎日の生活の中でムカッとしたときに、その都度行うことをご紹介してきました。

これらの「3つの暗号」（6秒、三重丸、分かれ道）を繰り返すことで、あなたも怒りに振り回されることなく問題に対処できるようになります。

3 【1日目①】ミラクルデイ・エクササイズ（ゴールを設定する）

アンガーマネジメントのトレーニングのゴールを決める。それが**「ミラクルデイ・エクササイズ」**です。

アンガーマネジメントで問題を解決できた「奇跡の日」をイメージし、そこに向けてモチベーションを上げるためのテクニックです。

まずは、すっかりアンガーマネジメントをものにしている奇跡の日として、「21日後」をイメージしたとしましょう。朝起きると、なんとアンガーマネジメントで解決しようと思っていたことが解決しています。

その日は、どんな日になっているでしょうか？　あんなにイライラしていたことも嘘のように気にならなくなり、すごく苦手だったあの人とも、上手にストレスなくつき合えるようになっている自分がいるのです。

そんな奇跡の日をイメージして、次の質問に答えていきます。質問には、できるだけくわしく、具体的に答えてください。**具体的に書けば書くほどゴールが明確になり、今後の行動もしやすくなります。**

●「ミラクルデイ・エクササイズ」の項目例

○あなたの行動に表れる変化はどのようなものですか？　誰がいちばん最初に、あなたの変化に気づきますか？　そして、何と言うでしょうか。

○ほかには、誰があなたの変化に気づきますか？

○自分自身はどのようなことを感じていますか？

○奇跡の日を10段階の10とすると、今年いちばん10に近かった日はいつですか？

○あなたの行動に表れる変化はどのようなものですか？　誰がいちばん最初に、あなたの変化に気づきますか？　そして、何と言うでしょうか。
○ほかには、誰があなたの変化に気づきますか？
○自分自身はどのようなことを感じていますか？
○奇跡の日を 10 段階の 10 とすると、今年いちばん 10 に近かった日はいつですか？
○その日、あなたは何をしていましたか？　誰といましたか？

○その日、あなたは何をしていましたか？　誰といましたか？

4　【1日目②】変化ログ（できることを決める）

「ミラクルデイ・エクササイズ」で目指すべきゴールをイメージしたら、次はその実現のためにどうすればいいかを考えます。そのために必要なのが**「変化ログ」**です。

理想と現実の間にはギャップがあります。そのギャップを埋めていくことが理想の実現につながるのです。

何をすれば理想に近づけるのか。怒りのストレスのない奇跡の朝を迎えるために必要なことをイメージし、現実的で具体的なステップに落とし込んでいきます。

そのステップには、

・今すぐできること

・明日できること
・数日でできること
・1週間程度あればできること
・将来的にできたらいいなということ

など、さまざまなものがあるでしょう。短い期間でもできるものから着手して自信をつけながらステップアップしていくと、モチベーションも上がるのでおすすめです。

まずは、ステップを書き出してみて、内容を吟味します。**いきなり現状からかけ離れた行動を設定してしまうと、すぐ挫けてしまうので、ステップは現実的であることが大切です。**

○目指すべき変化	○変化するために必要な現実的で具体的なこと ○実現に必要な期間
（例） 家族にイライラして当たらない	（例） ○「お願い」「ありがとう」を意識して伝える ○話し合う時間を１日１回は持つ ○２か月でやる！

●「変化ログ」の項目例

1. 目指すべき変化
2. 変化するために必要な現実的で具体的なこと
その実現に必要な期間

5 【7日目】3コラムテクニック（コアビリーフに向き合う）

21日間のプログラムのうち、7日目が終わったところで**「3コラムテクニック」**という方法を使ってトレーニングの振り返りをします。

この「3コラムテクニック」とは、**自分の怒りの原因となる「べき」を見つけて、どうすれば怒りと上手につき合えるようになるのかを考える手法**です。

ただし、気をつけなくてはいけないのがタイミングです。怒っている状態では、このテクニックを行わないでください。

アンガーログをつけているときはいっさい分析をしなくてもかまいませんが、この「3コラムテクニック」を行うときは深く考える必要があります。気持ちが落ち着いた状態で、じっくり考えるのが理想です。

では、「3コラムテクニック」のやり方を見ていきましょう。

このコラムは、「箱」という意味です。まず、頭の中に3つの箱をイメージするところからはじめます。


1つ目の箱（コラム1）に、1週間つけてきた「アンガーログ」の中から、今回分析するログを1つ選んで入れます。たとえば、「○○さんが、待ち合わせの時間に10分遅れてきて腹が立った」と書きます。

次に、1つ目の箱に入れたアンガーログから、イライラしたこと、怒ったことの裏にある〝べき〟を抽出します。それを、2つ目の箱（コラム2）に書き出します。

たとえば、「待ち合わせに遅れてきたことに腹が立った」の裏にある〝べき〟とは、「待ち合わせには遅刻するべきではない」とか、「遅れるなら連絡ぐらいすべき・」といったことが考えられます。

そして、「その〝べき〟をどう考えれば、自分も周りの人も長期的に幸せでいられるか」について、3つ目の箱（コラム3）に自分の考えを書きます。

このテクニックは、〝べき〟という枠（フレーム）を再構築するという意味で、**「リフレーム」**という言い方もします。

●「3コラムテクニック」の例

・コラム1　仕様書が間違っていて、今までの仕事が水の泡になった。
・コラム2　発注側は、作業に入る前に、もっと真剣に仕様のチェックを行うべき。
・コラム3　もしかしたら、担当者は忙しかったのかもしれない。

今回は、最後まで作業する前に見つかってよかった。事前チェックの仕組みをつくるいいきっかけになったと考えよう。

ここで大事なのは、自分自身の〝べき〟を頭から否定しなければならないわけではないということです。

ただ、自分の〝べき〟と他人の〝べき〟が折り合わず、イライラしたり、ムカッとしたりして不快な思いをしているならば、**〝べき〟というフレームを再構築することで、不満を解消していくことができる**ということです。

先ほどの例でいえば、ミスした分を残業して取り戻さないといけないのに、ずっと悶々とした気分でいたら、作業に集中できません。そんなとき、〝べき〟の見直しをすることで、少しは気分を切り替えやすくなるのです。

ですから、**すべての〝べき〟を書き換える必要はない**のです。3つ目の箱でいうように、「自分も周りの人も長期的に幸せでいられる」のなら、無理に変えなくてもかまいません。

＜コラム1＞ アンガーログ	（例） ○さんが、待ち合わせに10分遅れてきた。
＜コラム2＞ イライラしたこと、怒ったことの裏にある“べき”	（例） 待ち合わせには遅れるべきではない。
＜コラム3＞ この“べき”をどう考えれば、自分も周りの人も長期的に幸せでいられるか	（例） 電車が遅れることもあるから、10分ぐらいは大目に見よう。

6 【1週目】ブレイクパターン（予備トレーニングとして）

21日間のトレーニングの中には、毎日でなくていいのですが、余力があるときにやってほしいトレーニング（予備トレーニング）もあります。

1週目は、**「ブレイクパターン」**というワンパターンを脱却する試みです。

私たちの生活は、多くのパターン行動によって支配されていると言っていいでしょう。平日は毎朝同じ時間に起き、同じニュース番組を見ながら支度をし、同じ時刻の同じ車両の電車に乗って出勤して、職場に着いたらまずメールチェックなどのルーティンワークから仕事を開始する……なんていう人は多いと思います。

それをちょっと変えていくのが、この「ブレイクパターン」というトレーニングです。たとえば、朝見る番組を他のチャンネルに変えてみるとどうでしょう？

たったそれだけのことですが、出演しているアナウンサーの口調に違和感があったり、いつもの画面の隅にお天気が表示されていなくて不安になったりするのでは

○ワンパターンリスト	○どう変える？
（例） 朝食のメニューは、毎日パンとコーヒー	・ごはんと味噌汁、そして卵焼きに ・野菜スムージーでデトックスする

ないでしょうか。

なぜ人はワンパターンの生活をするのかというと、それがとても効率的で楽だからです。パターンで動いていれば間違いがなく、無駄がなく、安心して行動することができます。

それも悪いことではないのですが、パターンに慣れすぎてしまうと、視野が狭くなったり、心の柔軟性を失ったりして発想が硬直化してしまいます。

朝、別の番組を見ただけでなんとなく不安を感じたのは、変化を受け入れる許容量が小さくなっていることの表れです。

そこで何かひとつ、小さなことでかまわないので、ワンパターンに行っていることをあえて変えてみる、それがこの「ブレイクパターン」なのです。

ほかにも、通勤経路、ファッション、口調、行きつけの店……何でもかまいません。**自分から意図的に変化をつくれるようになると、柔軟な対応力が備わり、突然のストレスにも対応できるようになります。**

1週目は、アンガーログをつけるのにようやく慣れてきて、ちょっと疲れてきた頃かもしれませんが、アンガーマネジメントの上達のためにも、ぜひ取り入れてみてほしいトレーニングです。

7 【8、15日目】サクセスログ（できたことを確認する）

2週目、3週目のはじめに実施するのが**「サクセスログ」**です。

「サクセスログ」とは、**できたことの確認**です。1日目の「変化ログ」で書き出したステップの達成度合いを確認してもいいですし、トレーニングを体験してみて達成感を得られた行動を確認してもかまいません。

トレーニングをはじめて、ようやく自分の感情について意識できたこともあるでしょう。そういったことを、「サクセスログ」に書き出してください。些細なことでもOKです。

できたこと	難易度（5段階評価） やさしい　難しい				
（例） 上司に怒鳴られてムッとしたが、いつもの呪文を唱えられた。	1	②	3	4	5
	1	2	3	4	5
	1	2	3	4	5

●「サクセスログ」の例

・足を踏まれてカッとなったが、6秒待って受け流すことができた
・深呼吸を3回してみたら気分が良くなった

8 【14日目】べきログ（コアビリーフに向き合う）

2週間が終わる14日目に行ってほしいのが **「べきログ」** です。これで、14日間のアンガーログなどの記録を振り返ります。

自分の〝べき〟とは何か？ それを再認識させてくれるのが、この「べきログ」というテクニックです。

〝べき〟とは、ある意味、怒りの感情を生み出す源泉のようなものでしたね。この〝べき〟をどう扱うか、どのように向き合うのかが、すなわちアンガーマネジメ

ントです。

自分の〝べき〟がいつ、どのように発動するか予想がつくようになると、そのコントロールが容易になります。怒りが大爆発する前にその場を離れたり、状況を変えたりして、予防線を張ることができるでしょう。

●「べきログ」の方法

① 自分が信じる〝～べき〟、〝～すべきではない〟を書き出す

② ①であげた項目について、自分にとってどれくらいの重要度があるのかを10段階で評価する

自分の"べき"	重要度（10段階評価） 低　　　　　　高									
（例） 会議は定刻どおりに終了すべきだ	1	②	3	4	5	6	7	8	9	10
	1	2	3	4	5	6	7	8	9	10
	1	2	3	4	5	6	7	8	9	10
	1	2	3	4	5	6	7	8	9	10

●「べきログ」の例

・電車内では大声で話すべきではない　6／10段階
・遅刻するときは先方に連絡すべきだ　8／10段階
・会議に出席したら一度は発言すべきだ　7／10段階

この〝べき〟に向かい合うときに忘れてはいけないのが、自分の〝べき〟と同様、他人の〝べき〟も同じように大切なものであり、その人にとってはかけがえのないものだということです。

自分が正しくて、相手が間違っているというのではなく、人の数だけ〝べき〟があると思っていたほうがいいでしょう。

9【2週目】24時間アクトカーム（予備トレーニングとして）

2週目の予備トレーニングは、**「24時間アクトカーム」**です。毎日のトレーニングに余力があれば加えていきましょう。

この「24時間アクトカーム」とは、実際の感情がどうであれ、**とにかく24時間穏やかにふるまってみるトレーニング**です（アクトは「演技」、カームは「穏やかに」という意味です）。

怒っていても、イライラしていても、逆に悲しくても、落ち込んでいても、穏やかな言葉づかい、落ち着いた表情、しぐさを24時間徹底して心がけます。

私たちは、自分を変えるよりも、相手を変えたいと思いがちで、時にはどなったり、威圧したり、説得したりして相手を自分の思いどおりにしようとします。

しかし実際は、よく**「他人と過去は変えられない」**といわれるように、変わりたいと思っていない他人を変えるのは至難の業です。そして、思いどおりにならない状況に余計なストレスを感じてしまうのです。

この「24時間アクトカーム」では、**自分が変わることで周囲がどのように変わるのかを実感できます。**穏やかさを演じながら、しっかり周囲を観察してみます。

そうすると、他人を変えるより自分が変わった方が早いし、簡単だということをあらためて確認できるでしょう。

「24時間アクトカーム」は、あえて忙しい日を選んでやってみると、より効果がわかります。ふだん、人と接触することが多ければ多いほど、やってみる価値はあります。

10【3週目】プレイロール(予備トレーニングとして)

「プレイロール」は、3週目の予備トレーニングです。「役割を演じる」という意味で、**理想の人物を演じるトレーニング**です。

理想の人物は、誰でもかまいません。身近な人物、上司でもいいし、先輩でも友達でも、自分がなってみたい人物を演じます。歴史上の人物でも、映画や小説に登場するキャラクターでももちろんOKです。

「あの人なら、こんなときどうするか?」

これを、**つねに自分に問いかけながら演じ続けていくと、その理想の人物に自分が近づいていきます。**もし、どう演じたらいいか判断に迷ったときは、その人の性格、言葉、しぐさ、武勇伝などを研究してみましょう。さらに演技の精度が上がっていき、理想が自分のものになっていきます。

もし演じてみて、「ちょっと理想と違ったかも……」と感じたら、理想の相手はいつでも変更可能です。

●「プレイロール」の例

・ドラマに登場する有能な外科医を演じる
↓自信に満ちた言葉、表情をまねていると、本当に自信がついた気がする

・部下に尊敬されている上司を演じる
↓誰よりも仕事をしている上司に負けじと仕事をしたら評価された

月　日（　）	月　日（　）	月　日（　）	月　日（　）
4日目	5日目	6日目	7日目
□3つの暗号 □アンガーログ	□3つの暗号 □アンガーログ	□3つの暗号 □アンガーログ	□3つの暗号 □アンガーログ □3コラムテクニック （□ブレイクパターン）

月　日（　）	月　日（　）	月　日（　）	月　日（　）
11日目	12日目	13日目	14日目
□3つの暗号 □アンガーログ	□3つの暗号 □アンガーログ	□3つの暗号 □アンガーログ	□3つの暗号 □アンガーログ □べきログ （□24時間アクトカーム）

月　日（　）	月　日（　）	月　日（　）	月　日（　）
18日目	19日目	20日目	21日目
□3つの暗号 □アンガーログ	□3つの暗号 □アンガーログ	□3つの暗号 □アンガーログ	□3つの暗号 □アンガーログ □ミラクルデイ・エクササイズ （□プレイロール）

おつかれさまでした！　これであなたも「アンガーマネジメントができる人」！
一緒に怒りの連鎖を断ち切っていきましょう！

アンガーマネジメント 21 日間 トレーニングカレンダー

第1週	日付	月　日（　）	月　日（　）	月　日（　）
	日数	1日目	2日目	3日目
	すること	□3つの暗号 □アンガーログ □ミラクルデイ・エクササイズ □変化ログ	□3つの暗号 □アンガーログ	□3つの暗号 □アンガーログ
	その他の予定			

第2週	日付	月　日（　）	月　日（　）	月　日（　）
	日数	8日目	9日目	10日目
	すること	□3つの暗号 □アンガーログ □サクセスログ	□3つの暗号 □アンガーログ	□3つの暗号 □アンガーログ
	その他の予定			

第3週	日付	月　日（　）	月　日（　）	月　日（　）
	日数	15日目	16日目	17日目
	すること	□3つの暗号 □アンガーログ □サクセスログ	□3つの暗号 □アンガーログ	□3つの暗号 □アンガーログ
	その他の予定			

自分の「怒り」タイプを知ってコントロールする
はじめての「アンガーマネジメント」実践ブック

発行日　2016年 9 月10日　第1刷
2021年 5 月25日　第8刷

Author　安藤俊介

Book Designer　遠藤陽一（DESIGN WORKSHOP JIN,Inc.）

Publication　株式会社ディスカヴァー・トゥエンティワン
〒102-0093　東京都千代田区平河町2-16-1　平河町森タワー11F
TEL　03-3237-8321（代表）
FAX　03-3237-8323
http://www.d21.co.jp

Publisher　谷口奈緒美

Editor　三谷祐一

Store Sales Company　梅本翔太　飯田智樹　古矢薫　佐藤昌幸　青木翔平　青木涼馬　小木曽礼丈　越智佳南子　小山怜那　川本寛子　佐竹祐哉　佐藤淳基　副島杏南　竹内大貴　津野主揮　直林実咲　中西花　野村美空　廣内悠理　高原未来子　井澤徳子　藤井かおり　藤井多穂子　町田加奈子

Online Sales Company　三輪真也　榊原僚　磯部隆　伊東佑真　大崎双葉　川島理　高橋雛乃　滝口景太郎　宮田有利子　八木眸　石橋佐知子

Product Company　大山聡子　大竹朝子　岡本典子　小関勝則　千葉正幸　原典宏　藤田浩芳　王廳　小田木もも　倉田華　佐々木玲奈　佐藤サラ圭　志摩麻衣　杉田彰子　辰巳佳衣　谷中卓　橋本莉奈　牧野類　元木優子　安永姫菜　山中麻吏　渡辺基志　安達正　小石亜季　伊藤香　葛目美枝子　鈴木洋子　畑野衣見

Business Solution Company
蛯原昇　安永智洋　志摩晃司　早水真吾　野﨑竜海　野中保奈美　野村美紀　羽地夕夏　林秀樹　三角真穂　南健一　松ノ下直輝　村尾純司

Ebook Company　松原史与志　中島俊平　越野志絵良　斎藤悠人　庄司知世　西川なつか　小田孝文　中澤泰宏　俵敬子

Corporate Design Group
大星多聞　堀部直人　村松伸哉　岡村浩明　井筒浩　井上竜之介　奥田千晶　田中亜紀　福永友紀　山田諭志　池田望　石光まゆ子　齋藤朋子　福田章平　丸山香織　宮崎陽子　岩城萌花　内堀瑞穂　大竹美和　巽菜香　田中真悠　田山礼真　常角洋　永尾祐人　平池輝　星明里　松川実夏　森脇隆登

Proofreader　株式会社鷗来堂

DTP　朝日メディアインターナショナル株式会社

Printing　日経印刷株式会社

ISBN978-4-7993-1957-4